光尘
LUXOPUS

发现孩子

What's the Child

〔意〕玛丽亚·蒙台梭利◎著
蒙台梭利丛书编委会◎译

中国妇女出版社

图书在版编目（CIP）数据

发现孩子 /（意）蒙台梭利著；蒙台梭利丛书编委会译. -- 北京：中国妇女出版社, 2017.1（2021.8重印）
（蒙台梭利早期教育经典原著）
ISBN 978-7-5127-0148-9

Ⅰ.①发… Ⅱ.①蒙… ②蒙… Ⅲ.①儿童教育—家庭教育 Ⅳ.①G78

中国版本图书馆CIP数据核字（2016）第094720号

发现孩子

作　　者：〔意〕玛丽亚·蒙台梭利　著　蒙台梭利丛书编委会　译
责任编辑：王　琳
封面设计：王　易
责任印制：王卫东
出版发行：中国妇女出版社
地　　址：北京市东城区史家胡同甲24号　　邮政编码：100010
电　　话：（010）65133160（发行部）　　65133161（邮购）
网　　址：www.womenbooks.cn
法律顾问：北京市道可特律师事务所
经　　销：各地新华书店
印　　刷：北京市荣盛彩色印刷有限公司
开　　本：165×235　1/16
印　　张：13.5
字　　数：200千字
版　　次：2017年1月第1版
印　　次：2021年8月第3次
书　　号：ISBN 978-7-5127-0148-9
定　　价：49.00元

前 言

玛丽亚·蒙台梭利是意大利第一位女医学博士，是20世纪享誉全世界的杰出幼儿教育家。1870年8月，玛丽亚·蒙台梭利在意大利安科纳地区的基亚拉瓦莱小镇出生。父亲亚历山德鲁·蒙台梭利是贵族后裔，性格平和。母亲瑞尼尔·斯托帕尼知识渊博，善良，开明。玛丽亚·蒙台梭利是独生女，深得父母的宠爱，自小受到良好的家庭教育，并且养成自律、自爱、乐于助人的独立个性。

蒙台梭利在实验、观察和研究的基础上，创立了给世界教育带来翻天覆地变革的蒙氏幼儿早期教育法，风靡整个西方世界，对欧美国家的教育和社会发展有着深刻的影响。她认为，一直以来，儿童的成长都在受成人的压制，成人在各个方面干涉儿童的自由行动，成人对儿童的教育都是强制性的。她提出，成人必须信任儿童内在的力量，因为儿童有一种与生俱来的“内在生命力”，而教育只是为了促进儿童“内在潜能”的发挥。蒙台梭利教授通过观察和“儿童之家”的实验，提出了儿童发展敏感期、心灵胚胎期、儿童在“工作”中成长等一系列对今天的早期教育仍然影响广泛的规律。

到目前为止，蒙台梭利的著作被翻译成30多种文字，蒙台梭利学校遍及110多个国家和地区。在中国，以蒙氏教育为基础创立的早期教育机构和幼儿园，受到越来越多父母和儿童的喜爱与信赖。

为了传播蒙台梭利经典早教理念，我们策划出版了本套“蒙台梭利早期教育经典原著”系列。本套丛书除收录了《蒙台梭利早期教育法》《蒙台梭利儿童教育手册》《童年的秘密》《发现孩子》《有吸收力的心灵》这五本蒙氏早教经典理论原著外，还特意加入美国作家多萝茜·费希尔所著小说《贝茜成长的奥秘》，希望家长在阅读蒙氏理论的基础上，对蒙氏教育的效果和实际运用能有一个更好的认知。

《蒙台梭利早期教育法》是蒙台梭利的第一本儿童教育专著，也是对她亲手创立的“儿童之家”的经验总结。本书揭示了蒙台梭利的教育原理和教育方法，主张从日常生活训练入手，配合良好的学习环境、丰富的教具，让儿童自发学习、独立思考、自我发现、自我教育和自我成长。通过应用蒙氏早教法，孩子不但能轻松、愉快地掌握阅读、计算的基本能力，还能掌握相当多的自然知识，更重要的是会对学习产生浓厚的兴趣。

《蒙台梭利儿童教育手册》为一本操作性手册，是蒙台梭利在美国传播蒙氏教育方法时所写。所有“儿童之家”运用的教具都有相似之处，本书详细讲解了如何针对儿童使用这些教具，以及该如何为孩子提供一个能够进行“自我教育”的环境，以刺激儿童观察力、认知力和判断力的发展。蒙台梭利在书中强调，教育每个孩子的方法都是不同的，无论是老师还是家长，成人的作用是让孩子自己去尝试，自己发现错误，甚至在学习中让他们冒必要的风险，这样才能让他们更好地成长。本书是蒙台梭利教学方法的全面讲授，是应用蒙台梭利教育方法的必备手册。

《童年的秘密》揭开了儿童心理发展的神秘面纱，提出了“敏感期”这一极富革命性的理念，即儿童在智力、节奏、运动、人物角色认识和工作等方面的发展拥有一个特殊的敏感期，处于敏感期的孩子会根据“敏感性”的指令，以一种独特的方式从周围的环境中进行吸收和学习。抓住敏感期，将对儿童的发展起到极大的促进作用。同时，本书也对父母教育孩子的方式进行了反思，指出成人应该处于观察者的地位，不要压抑孩子的发展，要学会富有智慧地爱孩子。

《发现孩子》开创性地讲述了儿童是怎样一种存在，指出孩子应自主观察周围的世界，学会集中注意力，自然地进行学习和成长。蒙台梭利以此为基础，努力地进行着打破传统教育的探索，去寻求爱孩子和理解孩子的新方法，提出了独特的、革命性的儿童观，揭示了儿童具有的内在潜力，展现了儿童是作为一种积极的、活动的、发展的存在。她描述了孩子的特性，以及更充分地唤起孩子学习和成长热情的方法，并将幼儿作为一个活生生的人来看待，提出教育的任务是激发儿童内在潜能的发展，而成人能做的就是为其提供所需要的环境，让孩子自由地成长。

《有吸收力的心灵》是集蒙台梭利的理论思想与方法经验的大成之作，呈现出蒙台梭利的革命性教育观念。本书中，蒙台梭利从儿童的心理和生理特点出发，结合实际的现象和自身所得经验，揭示出了大自然赋予儿童的内在发展力量，阐释了儿童具有吸收能力的心智特点，思考着儿童与成人、儿童与社会、儿童与自然的关系，具有一定的启发性。本书体现的是蒙台梭利后期的一些教育思想，其中一些理念超前于她的教育界和心理界的同行。特别是，书中提出了人类自身的自然发展的重要作用，提出了孩子的知识是通过他们在自己所处的环境中吸取经验获得的，以及教育必须与人类自身的实际相符合等。本书对儿童发展和传统教育的思考与分析，对于家长、教育工作者、心理学家及所有研究儿童和社会的人都具有非常重要的价值。

《贝茜成长的奥秘》是美国作家多萝茜·费希尔所著的一部长篇小说。小说中讲述了一个叫伊丽莎白·安的女孩，从小失去双亲，由敏感多疑的亲戚哈利特一家抚养长大。她在哈利特家的时候，什么也不用做，什么也不用操心，因为所有的事都有人替她解决了。因此，9岁的伊丽莎白·安依旧什么也不会做，而且性格懦弱、胆小、敏感。后来，伊丽莎白·安被迫离开哈利特一家，来到帕特尼农场生活。帕特尼一家虽亲切地叫她“贝茜”，但在这里，贝茜所有的事都要自己做，还要学着大人的样子，自己想办法解决眼前面对的难题。就这样，贝茜在跨越了生活中一个又一个难题的同时，得到了成长，变成一个坚强、独立、自主的女孩。本书印证了蒙氏早教理论中，孩子心灵成长的规律，揭示出家长与孩子间真正的关系，提倡给孩子充分发展的空间，使其在自由的环境中，发现自我，独立成长。蒙台梭利对本书评价道：“父母和孩子都应该读一读《贝茜成长的奥秘》。这样不仅能够加深父母与孩子之间的理解程度，还可以使父母了解如何给孩子营造自由的成长空间，使孩子找到自我和生活的乐趣。”

本书编委会

目　录

◆

第 1 章
儿童是什么

◆

保护儿童的教学法——蒙台梭利教学法

蒙台梭利教学法是我们为了同新近开发的其他现代教育形式相区别，而采用我的名字命名的教学法。这种教学法旨在发现孩子身上一些以前没有被人注意到的精神特质。实际上，孩子的潜能有待我们发掘。

为了进一步了解儿童，并且通过采取一定的措施对他们的权利给予认可和保护，我们在上述认识的基础上，毫不犹豫地采取了直接的教育拯救行动。我们极力呼吁对儿童的权益进行保护，主要因为儿童是处于强权统治下的弱势群体，他们不仅不被了解，甚至连必要的需求也往往不能被成人社会所认可。许多例子都不断地显示出儿童面对的处境十分恶劣。

蒙台梭利学校是一个能让孩子安心成长的地方。孩子在这里能够释放自己被压抑的心灵，表达真正的自我。他们所表现出来的学习态度和行为方式，也跟现在大多数人所推崇的儿童教育理念描述得不一样。这使我不禁反思以前在教育过程中犯下的严重错误，从而把教育的重心放到儿童的身上，他们是人类最敏感且最微妙的群体。

儿童在我们面前展露出来的，是他们还没有被探究到的心智。儿童的某些行为活动倾向，连很多心理学者和教育学家都从没深入研究过。比如，我们有时候认为孩子应该会喜欢的某些玩具，可实际上他们并不太感兴趣，对童话故事也是如此。孩子反而经常想摆脱大人的控制，希望自己动手去做每一件事。除非是真的需要帮助，否则孩子会表现出很明显的不愿意让大人插手的倾向。他们会安静、专心地投入到自己的工作中，那种神情真是让人吃惊！

儿童的内心自然流露出的一种自发性，一直由于成人居高临下、不适当地介入和干扰而受到压抑。成人认为自己所做的每一件事情都会比小孩子好，所以就把成人的行为模式强加到孩子的身上，要求孩子接受成人的控制，强迫孩了屈服并放弃自己的意志和创造。

成人习惯于自以为是地解释孩子的行为，用自己觉得正确的方法对待孩子，这不但造成了学校教育的偏差以及整个教育体制的谬误，而且使社会采取了一系列完全错误的行动。值得庆幸的是，这些教育上的失误已引起了社会和道德上的新反思。很长时间以来，儿童与成人一直处于一种相互对立的冲突状态之中，而现在，这种对立的状态面临更严峻的考验。儿童跟成人之间的关系正在发生变化，这迫使我们采取行动开展教育改革。这种改革不只是针对教育学者，更是针对所有的成人，尤其是为人父母者。

蒙台梭利教学法在文化习俗不同的各个国家都引起了强烈的反响，受到了广泛的重视。现在，几乎在世界各地都成立了蒙台梭利学校。这从另一方面证明了儿童与成人之间的矛盾冲突关系是存在于人类世界的普遍现象。

受到成人压制的儿童

儿童从出生那一刻开始，就受到成人的压制。可怕的是，人们居然对此毫无察觉。即便在我们这样具有所谓先进文明的开化社会中，也由于复杂的社会礼教、成人对儿童行为的强制约束、成人刻意限制孩子的自我发展，致使儿童与成人的对立关系更趋恶化。

如果一个孩子在由大人控制的环境下长大，那么他的许多需求是无法得到满足的。孩子的必要需求不只来自身体方面，更重要的还有来自心理方面的。心理需求是否能够得到满足，对孩子今后智力和道德精神发展有着极为重要的影响。被比自己强大很多的大人压制着，孩子不仅不能够按照自己的意愿做事，而且还要被迫去适应对自身不利的生活环境，而大人还总是天真地认为他们是在帮助孩子学会如何在社会上生活。这些所谓的教学活动，全部采取了命令式的，有时甚至是暴力式的方法，以此来强迫儿童适应成人的生活世界。这些教学活动要求孩子必须完全服从大人的指示，这就等于否定了儿童作为一个独立个体的存在，对儿童来说是非常不公平的。儿童因此受到的身体和心理的打击与伤害，是任何一个成人都无法忍受的。

成人对儿童的权威态度深深植根于家庭之中，就算那些极受宠爱的儿童也不能免受大人的权威压制。在学校，与家庭类似的强权教育则表现得更为严重。学校采取的有组织的强权行为致使孩子提早去适应成人的世界，然而实际上，这种教育只是为了让孩子早些配合成人的生活。其实，学校里强制性的行为规范和严格的功课标准，都跟孩子本该无忧无虑的童年生活格格不入，给他们的日常生活带来种种危机。对于缺乏反抗能力的孩子来说，学校和家长这种权威式的管教方式毫无疑问是一股强势的压力。在这样的氛围下，孩子胆怯不安地发出了求救声，却从没得到成人的关注。孩子希望有人能来听听他们的意见，可他们弱小的心灵却不断地碰壁、受伤。时间长了，孩子不仅会变得不愿意顺从，还有可能会变得不爱惜自己，任凭自己做出危险的举动。

如果我们要让孩子幸福快乐，就应当采取妥善并且人道的做法，那就是为孩子建立一个不再压制他们的学习环境。这个环境应该与孩子的性情相适合，让孩子可以在其中自由地发展。任何一项教育制度的推行，都一定要从建立一个能够保护儿童的环境做起。这个环境要能够保护儿童不被成人世界那些影响儿童学习和成长的种种危害所影响；这个环境应该好像暴风雨中的避风港、沙漠中的绿洲一样，成为儿童心灵的寄托；这个环境应该时时刻刻都能确保孩子可以健康正常地发展。

儿童在成人世界受到压制，这是一个在全世界范围内普遍存在的社会问题。有关儿童的社会问题，并不是单纯的阶级、种族、国家的问题。如果儿童只会在成人身旁扮演附属角色，他将无法懂得如何在社会环境里生存。成人只顾自身的利益而压制儿童的做法，破坏了社会的整体性，不管从哪个方面来看，孩子都将成为受害者。所有关心儿童福利的人达成了一个共识：儿童是最无辜的受害者。被当作成人附属品的儿童根本没有能力为自己争取权益。儿童受到的伤害直接而又深刻，他们特别需要社会给予同情和空间。社会上经常出现这些讨论：将不幸的孩子和幸运的孩子、出身贫困的孩子和生活富裕的孩子，被抛弃的孩子和受到宠爱的孩子进行比较。这些讨论的结果都一致表明，人与人之间的个性差别早在童年时期就已经形成了，而且一个人的童年经历对其成年之后的生活确实有着深远的影响。

儿童是什么

儿童是什么？从某种程度来说，儿童是成人制造出来的。因此，成人把儿童当成了一种私有财产。没有一个奴隶被主人拥有会像孩子被父母拥有那样完全；也没有一个仆人像孩子一样要永远服从大人的意志；更没有任何一个工人要像孩子那样，必须盲目地服从他人的命令——工人在下班后还可以找些方式消遣。从来没有任何人的权益像儿童的权益那样不受重视。我想，没有人会愿意处在儿童的地位。儿童被成人用许多严格而又专制的规定束缚着：什么时间必须去做功课，什么时间才能出去玩等都得依照大人的规定。我们的社会从来没有把孩子当成独立的个体，所以成人觉得住着舒服的地方就是孩子的家。在一个家庭里，妈妈在家洗衣做饭，爸爸外出工作赚钱，爸爸妈妈只需要量力而为地照顾孩子就可以了。一直以来，学校也尽可能地尊重这种家庭生活方式，因为人们始终觉得，这样就是为孩子提供了最好的照顾。

从古至今，所有的道德思想和哲学理论几乎都以成人为中心，而与孩子童年有关的社会问题却都被忽视了。没有人想过孩子其实是有别于成人的独立个体，没有人去思考孩子也是具有独特性情的，也没有人关心孩子为取得其生命中的非凡成就而应有的特别需要。大人只是把孩子当成无助的弱小者，认为他们应该按照自己的指令行事。让人感到遗憾的是，孩子如此吃苦受罪，又体贴他人，却没有人能够真正了解他们。回顾人类的历史，有关孩子的记载是一片空白。我期待有一天人类能够把这空白填满。

◆

第 2 章
新生儿的诞生

◆

生命的难关

有些人认为，是文明使人类逐渐适应环境并且生存下去。如果这种说法是正确的，那么没有人会比刚出生的婴儿所感受到的环境变化更强烈、更突然。当我们要在很短的时间内适应一个新的环境时，都会感到很难适应，那么不难想象，新生儿出生时必须面对的局面则更糟糕，因为可以说新生儿是从一个世界进入了另一个世界。而我们到底为新生儿的诞生都做了怎样的准备工作呢？

人类文明的历史还没有关于大人用什么样的方法帮助新生儿适应出生后所面临的新环境的详细记载。目前，人类生命开始的第一页依旧是空白，还没有人尝试去了解一个新生命的迫切需要究竟是什么。

我们从过去的经验中已经发现了一个可怕的事实，那就是一个人在婴儿时期所遭遇的不良经历，将会影响他一生的发展。可以说，胎儿在母体内的发育以及他出生后在儿童期的成长，都对日后的发展具有关键的、决定性的影响。世界各地的专家学者都指出，胚胎期和儿童期的成长发育，不仅对一个人成年之后的健康状况有一定的影响，对全人类社会的延续也发挥着至关重要的作用。到目前为止，人们只是觉得生产——人类整个生命过程中的这个最艰难时刻对产妇来说是十分危险的，却没有人意识到对于新生儿来说它更是一道难关。

为什么说生产对新生儿来说是一道难关呢？因为经过生产，新生儿完全脱离了他之前赖以生存的母体，必须马上依靠自身还未发育完全的器官来维持自己的生命。在没出生之前，胎儿是在母体内自己专属的温暖羊水中生长。母体保护着胎儿，不让他受到一丝一毫的躁动和温度差异的影响，甚至连特别微弱的光线和十分轻柔的声响，都被母体隔离在外面。

但是，通过生产，新生儿从母体温暖的羊水里来到空气中。原来一直在妈妈肚子里安静成长的胎儿，不得不经历一次辛苦而艰难的出生战斗，而且没有任何适应时间。他那弱小的身躯要受到像来自两块重石一样的挤压，最后还带着伤降临到我们怀中，就像是历经了长途跋涉的朝圣者一样。对于新生儿的降生，我们又做了些什么事情来帮助他呢？我们是怎样迎接他的到来的呢？在生产的过程中，几乎所有人的注意力都放在妈妈身上，而新生儿仅仅被粗略地检查一下，确定他能够健康地活下去就算大功告成了。刚刚成为爸爸妈妈的成人，满心欢喜地看着自己的孩子，他们作为大人的自我，正因为这个健全婴孩的诞生而得到满足。因为孩子的出生，实现了他们期盼已久的一种渴望——他们共同拥有了一个孩子，将会令他们的家庭紧密交融于一种爱的感觉之中。

迎接新的生命

当妈妈生完孩子，在安静的房间里悠然地放松休息时，是否有人想起过，也应该让同样饱受疲累的新生儿在光线微暗的房间里安静地休息，以让他可以慢慢地适应新的环境呢？令人遗憾的是，没有人会觉得新生儿受了什么艰苦的磨难。新生儿那从没有被触摸过的小小身躯是非常敏感的，可是却没有人去好好呵护，也没有人去努力理解新生儿对每一个新触觉以及他身体内的无数自然现象做出的敏感反应。

有人认为，自然界一定会在必要的时候，为它的子民提供他们所需要的帮助。当文明使人类可以超越和控制自然时，我们可能就会对观察其他动物的自然发展失去兴趣。可是，如果我们仔细观察一下动物的习性，就会发现动物的妈妈会把它的孩子藏起来，使幼崽在出生后的一段时间内避开光线，还会用自己的身体为其保暖。动物妈妈还会极其警觉地保护自己的孩子，不让其他动物靠近幼小的宝宝，更不会让其他动物触碰它的孩子，甚至连看一下都不行。

反过来看看我们人类的新生儿吧！不管是面对自然环境还是人类文明的社会环境，都没有人帮助他们减轻适应环境所要面对的负担，甚至有人说，只要孩子能活下来就行了。由此可以看出，他们判断孩子是否能够适应环境的标准就是孩子能否平安地活着。其实，我们本来应该让婴儿在刚出生后的一段时间里继续保持在妈妈肚子里的姿势。可实际情况却是，新生儿往往一出生就马上被穿好衣服，而且在一段时间内还被紧紧地包起来，让他们柔弱的四肢承受强力的束缚。

有这样一种观点：健康的孩子完全具备抵抗能力，他们能适应环境。自然界的万物不都是这样吗？如果人类真有这么强壮，为什么不干脆在树林里自在地居住呢？为什么还要在冬天拼命去保暖，将全身都裹上柔软的毛毯，然后坐在安乐椅上，享受那种安闲舒服的生活呢？难道我们比刚出生的婴儿还脆弱吗？

总之，人的内心有一种没有道理可讲的无知，一种已经深入个人心灵甚至整个文明的盲目。这就如同视觉上的盲点一般，人们对新生儿的盲目无知，就是人类对生命的一个盲点。

了解与呵护新生儿

我们应该彻底地去了解新生儿的特点，只有这样，才能从一出生就给予他们完好的照顾，并使他们安全平稳地迈出生命中的第一步。照料新生儿必须具备相当的知识，而且要以新生儿自身的需要为根本。即使仅仅是抱一抱孩子，也要十分温柔谨慎地去做。如果不能够做到轻柔地对待新生儿，那么最好不要随便移动他。我们一定要知道，孩子刚出生的时候，以及在他满月之前的时间里，都需要一个比较安静的环境来进行发育和成长。在这段时间里最好不要给孩子穿衣服，也不要把他包裹起来，只要做到使婴儿在室温下得以保暖就可以了。因为婴儿这时候还不太能随着环境温度的变化来调节自己的体温，所以穿衣服对他们来说不会有什么实质性的帮助。

我的这个观点受到了一些非议，有些人认为我忽视了不同的国家具有不同的传统育婴方式。但是，我的确对于各种不同的育婴方法都有一定的涉猎。正因为我曾经在很多国家进行过研究，对各种不同的育婴方式进行了深入的观察，才发现了这些方式在某些方面存在着缺失。请允许我再一次说明，这些育婴方式所真正欠缺的，是一种心理意识上的觉悟，即没有在迎接新生命的到来时，花时间做好一切准备。

事实上，不管哪个地方或哪个国家，儿童都没有被彻底地了解。从孩子出生的那一刻起，大人的潜意识里就开始充盈着一种不安的感觉。成人总是想要极力保护自己所拥有的东西，即便有些东西实际上根本没有多少价值。他们担心孩子的到来会打乱他们平常的生活秩序，房间也会被孩子弄乱弄脏。或许正是因为有了这样的心态，所以我们照顾孩子的方法，不外乎就是跟在孩子身后，随时准备拯救那些可能会被他破坏的东西。成人在采取这些行动的时候，是在努力使孩子变得有教养，但同时也压抑了孩子特有的“随心所欲”的天性。

有些时候，我们会将孩子随心所欲的性情误认为是一种任性的表现。实际上，孩子一点儿也不任性，只是我们对孩子的了解还不够而已。我们往往因为对孩子的性情了解不够，而在教育方面犯下一些错误。举个例子来说，孩子从1岁开始，尤其是在2岁时，会有一种倾向——希望看到东西都摆放在自己熟悉的地方，而且使用每样东西都必须是固定的方法。如果有人打破孩子习惯的生活秩序，他就会非常不高兴，感到沮丧，甚至会想尽办法把东西放归原处，来安抚自己的心情。即便是年龄很小的孩子，也有这种“物归原位”的要求。在我们的学校——“儿童之家”里就曾发生过类似的情况。

有一回，一个孩子低头看着地上的一摊沙子。他的妈妈看到了，就随手把沙子弄散了。没想到，孩子居然一下子哭了起来。只见他急忙把散开的沙子聚拢起来，捧回原处。这时，妈妈才知道了孩子为什么会突然哭起来，而她原来还把孩子的这种需要和反应看成不乖的表现。

另外一个孩子的妈妈讲了这样一件事：有一天，她觉得天气非常暖和，就把外套脱下来拿在手上，孩子因为这样而开始哭闹。大家都不知道孩子为什么这么伤心，直到妈妈重新把外套穿上以后，孩子终于安静下来，大家这时才恍然大悟。

上面的例子中，影响孩子情绪的主要原因，都是他们看到物品没有放在他们原本熟悉的位置上。大人或许觉得，这样的孩子应该受到惩罚，只有惩罚才能让孩子改正错误，弥补缺点。成人通常不能了解孩子某些行为的真正用意，就自认为这些行为说明孩子不乖。其实，等孩子长大后，有些缺点就会自然地消失，那么现在则没有必要纠正孩子的缺点。成人肯定不会因为有人脱下了外套就在公众场合大哭起来。我们应当清楚，孩子某些长大了以后会自然消失的缺点，不值得我们过分地担心。当开始接受和了解孩子时，我们就会慢慢知道有许多纠正他缺点的措施都是多余的，因为有一天他一定会成为一个守礼、明理的大人。

最后再举一个例子：

我认识一个2岁大的孩子，他的保姆每一次帮他洗澡都在同一个浴缸，而且都用同样的方式。而当这个保姆有事不得不离开一段时间，另外一个保姆来接替她的时候，每次洗澡，孩子都要哭。新保姆也弄不明白到底问题出在哪里。直到原来的保姆回来之后，她问孩子：“为什么每次洗澡你都要哭呢？新保姆不是个很好的人吗？”孩子回答：“新保姆对我是很好，可是每次洗澡，她都倒着来。”原来，以前的保姆帮孩子洗澡都是先洗头，可新保姆却是从脚开始洗起。

对这个孩子来说，洗澡的先后顺序是生活规律的一部分，所以他才会努力进行捍卫。然而，孩子这种对规律性的追求，却常常被成人看成不乖的表现。

◆

第 3 章
心灵胚胎

◆

新生命的起点

新生儿应该被当作“心灵胚胎”来对待，这是一种包藏在肉体中降临到世界上的精神。可是，在科学的视角中，新生命却被看作一片空白。各种组织和器官组成了这个活生生的个体，而这些都是可以通过科学仪器测量出来的。然而，我们所说的精神却无从考察和证实。难道这么细密灵活的身体真的是无中生有吗?这一切一直是一个有待探索和揭示的谜。

刚刚出生的孩子，正站在人生旅程的起点。新生儿出生以后，在很长一段时间内都不能自主，也没有能力去做任何事，如同一个身体虚弱或瘫痪的病人一样，需要得到别人的照顾。除了呜咽地哭泣或因疼痛而叫喊以外，新生儿在大部分时间里都沉默不语。而往往当他一哭，我们就会马上冲过去，好像有人急需我们帮助一样。要等到很长时间之后，可能是好几个月，也许是一年以后，新生儿才不那样娇弱，而比较像个小孩子了。再过几年，他的声音也会变成小孩子那样。

对于孩子身体和心理的成长现象，我们可以看成是一个成“人”的变化。从另一个角度来说，成长是一个非常神奇的过程。在这个过程中，有一种内在的力量启动了新生儿原本可以自主的身体。这个力量一启动，新生儿的手脚就开始运动起来了，还会开始学习说话。从此，新生儿不只是具有行动的能力，也具有了表达思想和意见的能力，这就是人的内化过程。

与其他动物相比，人类的婴儿出生之后，在很长一段时间内需要别人的照顾。从实际情况来看，这对婴儿的成长的确具有十分重要的意义。为什么这样说呢？其他动物无论出生时多么脆弱，几乎都要马上或者在很短的时间内就依靠自己活下去。它们得马上能走，甚至要跟在妈妈身后跑，还要学会跟同类动物进行沟通。比如，小猫要学会喵喵叫，小绵羊要学会咩咩叫。尽管它们发出的声音可能显得比较微弱，但我们还是能够听到它们不断发出的叫声。动物的成长准备阶段非常短又非常简单，可以说，它们一生下来，自身的本能就已经决定了它们的行为。就像淘气的小羚羊从出生时开始，就已经能够自己站立，在之后很短的时间，就可以敏捷地行动了。

潜在的本能

降生到这个世界上的每一种动物，都不只具有其外在形体，还具备与生俱来的潜在本能。而所有的本能都是通过动作体现出来的，它们代表着不同物种的个体特征。有人认为，动物的特征是由它们的行为得以归纳出来的，而并不是它们的外表。所以，动物身上具有植物所不具有的那些特性，即心理精神特质。既然连动物的心理精神特质在出生的时候都有很明显的体现，怎么能说人类新生儿没有这样的天赋呢？有一种科学理论有这样的观点，动物现有的种种行为表现是在一连串物种繁衍的经验累积中形成的。那么人类的特征不也是这样吗？人类也是经历了先直立行走再发展出语言的过程，并把经验传递给后代。

因此可以说，这里面一定包藏着一个真理。让我用物品的制造方法来打个比方。有些东西是经过机器快速大批量制造出来的，完全是相同的；而另外还有一些东西是以手工慢慢制成的，每一个都有不同之处。手工制作的价值，就在于它体现出了艺术家的独特风格。这个比方正好可以用来说明其他动物跟人类在心理上的差异，动物就好比是大批量制造的产品，每种动物一出生，就已经具有了跟自己相同种类动物一样的特性。与之相比，人却是由“手工制造”出来的，每一个个体都有所不同，好比大自然创作出来的艺术品，每一个人都有自己与众不同的独特之处。而且，人的制造过程比较缓慢，需要一定的时间。在人的外表还没有得以显现之前，他的内在就已经开始发展了，这种发展绝不是为了要复制出一模一样的人，而是要创造出一个真正全新的人。到目前为止，人的内在发展依然是一个无法进行预知的谜。我们可以肯定的是，人类的发展需要经历一段时间的内在构建过程，就像一件伟大的艺术品在呈现于大众以前，艺术家一定要先在他安静的工作室内进行一番用心的精雕细琢。

人格的形成要经历一个看不见的过程。对于我们来说，婴儿是一个谜。我们只是明白婴儿将来会有无限的发展可能，至于他会成为什么样的人、取得什么样的成就，我们却无从知晓。在婴儿弱小的身体中，有着比其他动物更加复杂的独特机制。人都是独立的个体，每个人所具有的独特意志让他能够完成自身的具体转化，并向前迈进。音乐家、艺术家、运动员、君王、英雄、罪犯、圣人等都以同样的方式出生，但是他们都带着自己的发展之谜来到了这个世界，而激发着他们去做不同事情的正是个性的发展。

呵护心灵的胚胎

哲学家曾将孩子出生时的无助现象作为主要课题进行探讨，令人遗憾的是，医学专家、心理学家或教育学家却从没有将这个问题作为兴趣点。在他们眼中，婴儿出生时的无助是一种理所当然的事实。大多数孩子都能够顺利地度过无助的婴儿时期，但在这个过程中他们受到的影响会深深埋在无意识底层，对其今后的日常生活产生重要的心理影响。那些认为婴儿在行动上被动、在心智上空洞的假设，是非常错误的。还有的人认为，孩子在婴儿期之后会产生神奇的发展，这完全是因为成人的用心照顾和养育。这种看法也是不正确的，只会让父母产生一种错误的责任感，认为自己就是启发孩子内在生活的力量，所以他们会把教育孩子视为在完成一件物品。为了促进孩子的智力、感觉和意志力的发展，他们不停地提出各种建议，发出各种指令。于是，大人赋予了自己一种近乎神圣的力量，而且对自己在孩子生命中的地位深信不疑，如同《圣经》记载的一样，上帝依照他的形象创造了人类。

骄傲是人类最蔑视的行为，而成人将自身神化之后出现的自我膨胀，使孩子承受了很多苦难。真正掌握着通往孩子内心世界钥匙的是他们自己。的确，孩子在很小的时候就能展现出自己的发展趋向和一定的心智天赋，总有一天他们可以展现出自己的这种能力。如果成人受到自我膨胀的影响，对孩子进行不适当的干预，就可能会消解掉孩子的努力，阻碍他们的自我实现。成人的行为很有可能给孩子本来具有的天赋带来负面影响，这或许会导致人类传承的失败。问题在于，尽管孩子必须经历重重困难，同时付出持久的努力，才能充分地把握和运用自己的心智，但是孩子具有自己的精神，只是他们需要花一些时间才能表现出这种天赋。

封锁、隐藏在孩子身上的心灵，正逐渐地茁壮成长起来，它慢慢地使被动的躯体活跃起来，唤起孩子的意志力，并且开启孩子的意识。但是，在现实环境中，会有另一股巨大的力量向他袭来，并且最终驾驭他。在这样的环境中，没有人会感悟甚至接受人类能够发生内在转变这一事实，娇弱的新生儿得不到丝毫的保护，也没有人帮助他顺利度过艰难的发育期。对于新生儿来说，这种环境中发生的每件事都是阻碍。

于是，作为心灵胚胎的孩子，只能依靠自己的力量，在他所处的环境中求生存。其实，就像生理胚胎一样，心灵胚胎也需要外部环境的保护，需要得到爱的温暖和人们的尊重，需要被它所处的环境完全接受，而不会受到阻碍。

我们了解这些以后，就必须改变对待孩子的态度。孩子以心灵胚胎的形象呈现在我们眼前，赋予了我们一种新的责任。那个娇柔、美好的小生命，那个令我们喜爱、被我们用过多物质包围、如同我们的玩具的婴儿，一定会唤起我们的内心对他的崇拜。

在一个人转化的过程中，他必将面对许多内在的挑战。要想理解还不存在的意志，这几乎是不可能的，但是意志要最终激励和锻炼被动的身躯，就必然会对躯体加以控制。从这一时刻开始，娇弱的生命一下子绽放开来，开始有了意识，开始对周围的环境产生兴趣，肌肉也在自我实现的努力下活跃起来。这段时间是孩子人格发展和定型的关键时期，我们必须理解和支持他们对此进行的努力。这是一种极其重大的责任，我们要试着依靠科学的方法去了解孩子的心理需求，并为他准备好符合其成长需要的环境。长久以来，这一直是蒙台梭利教学法的首要原则，需要同成人的智慧相结合。在得出人类发展史的最终结论之前，还有很多实际工作等待着我们去做。

◆

第 4 章
吸收性心智的本质

◆

成长的内部力量

我们的新观念把生命看作一切生物功能的中心，同时改变了以往的教育观念。学校不再是一个被分隔出来的世界，孩子也不应该受到过度的保护而同外面的世界隔绝。很多心理学家都对幼小的儿童进行过研究，他们从儿童出生的第一年就开始进行观察，结果发现人格的建构与塑造就从这个时候开始。从心理层面来看，一个人在出生的时候确实一无所有，可以说一切都是从零开始。婴儿出生时，身体尚未开始发育，什么事情都不能做。过了一段时间之后，孩子才开始说话、走路，然后克服一关又一关的成长困难，最终依靠自己的智慧和力量把自己塑造成为“人”。存在于孩子身上的巨大内部力量吸引着我去进行研究，同时它也引起了很多科学家的注意。这种内部力量隐藏在妈妈的庇护之下，通常人们会认为孩子说话、走路是妈妈教出来的，其实并不是这样的，是孩子自然地学会的。妈妈只是生下了一个小婴儿，而这个小婴儿自己把自己建构成了“人”。即使是孩子的“母语”，也不一定就是从妈妈那里学来的，因为有的孩子在国外出生，他能够把当地话讲得很流利，可能他的爸爸妈妈还没他讲得地道呢。因此，他那口流畅的语言并不是遗传的，既不来自父亲，也不来源于母亲，而是孩子自己学会的——孩子利用环境中的各种资源，来塑造自己的未来。

成长的不同阶段

一些心理学家对孩子进行了从出生一直到大学的追踪研究。他们发现，这些孩子的发展过程包括一些相当不同而且各具特色的阶段。令人惊讶的是，它们与生理发展阶段相互呼应。对于这种阶段性的发展变化，有些心理学家是这样描述的："成长是一连串的出生。"

具体来说，第一个阶段是从出生到6岁，这中间孩子可能会产生一些变化，但他的心智形态从始至终是一样的。这个阶段又可分为两个小阶段：0～3岁和3～6岁。在第一个小阶段，儿童的心智形态是成人无法介入、无法产生影响的。而到了第二个小阶段，其心智形态是成人可以介入的，但必须以某种特别的方式进行。在这两个阶段中孩子发展的特点是他们会产生很大的变化，从弱小的婴儿变成能跑能跳、会说会唱的孩子。

第二个阶段是从6岁到12岁。6岁时，孩子就比较成熟，可以上学了。如果让他们稍早一些上学也是可以的，当然，这要参考本书所提示的原则。然而，我们要强调的是，6岁是一个新纪元，它也对应着生理的变化，比如这时候孩子一般都开始换乳牙了。这个阶段，孩子只是单纯地长大，变化不是很大，一般而言，其特点是显得非常平静和听话。

第三个阶段是从12岁到18岁，这又是一个大的转换时期，孩子在生理和心理两方面都会发生很大的变化。似乎世界各国都有一个普遍的共识，就是孩子到了12岁就应该进入层次更高的学校，这样才符合他新的心智水平。到了第三个阶段，孩子的个性会变得很不稳定，表现得极为叛逆和不羁。可是，传统学校并不重视这些，只顾按照课表给学生上课，用体罚来惩罚他们的叛逆。到了18岁，他们可能上大学继续学习，而在学习方法上并没有太大的差别，因为他们大多数都是靠坐在教室中听讲来获取学位。这种灌输式的学习是否能够使孩子学以致用非常令人怀疑。虽然在这一阶段，孩子的生理已经达到成熟，可由于他们只是一直进行着读书和听讲，所以不可能成为具有独立判断和自由意志的成人。实际上，只有工作实践和经验才能够帮他们真正成熟起来。如果你在纽约的街头看到知识分子在游行，他们高举着口号：“我们没有工作！我们正饿肚子！”你可能会觉得这是一种对社会的控诉，虽然社会已经为他们的教育投入了很多。

潜在心智

很多喜欢思考的人常常会想：为什么拥有最高智慧的人类，需要有这样漫长而且艰辛的婴幼儿期，可其他动物却不是这样的。还有很多人忍不住要问，婴儿期究竟是怎么回事？他们觉得其中仿佛有无限的秘密。这确实是心灵创造的时期，一切都是从零开始的。人类的成长并不像小猫长成大猫那样，喵喵的叫声逐渐从小变大，也不像小牛、雏鸟成长的表现只是叫声越来越响亮。对于人类来说，成长不只是一种简单的发展，还是一种从无到有的创造。幼儿在心智上跟成人十分不同，他们凭自己的天赋创造出很高的成就——不仅掌握了语言，更发展了说话的器官，还创造出各种各样的身体动作和表达智慧的方式。这并不是孩子受到有意识的“意志”主宰而实现的，而是他们通过潜在的心智来完成的。这是一种不可思议的智慧。我们发现，某些时候，环境中的一些事物会引起孩子极大的兴趣，使其表现出一种贯穿整个生命的热诚，这就是潜意识的力量。

孩子一出生就有听觉，而令我们感到惊讶的是，对于环绕他的千万种声音，为什么孩子单挑人的声音进行模仿呢？因为人类的语言在孩子的潜意识心智中具有特殊的印象，从而引发出一种特殊的感情，使他的肌肉纤维产生一种共振，能够复制类似的声音，而其他的声音就不能引发这种行动。幼儿正是以这种方式来吸收语言的，这也是构成孩子心理人格的一部分。我们把儿童吸收的语言称为他的“母语”，来与他们日后下功夫学来的其他语言进行区别。这也可以说是一种内在的心理作用促成的化学变化。这种声音的刺激不仅会进入孩子的心智，还能通过复制变成孩子自身的一部分。我们将这种心智称为“有吸收力的心灵”。如果这种力量能够持续发挥作用的话，很难想象它的影响到底会有多大。

◆

第 5 章

心灵的建构

◆

探索胚胎的奥秘

如果想进一步探索吸收性心灵的奥秘，我们就要研究产前生活及胚胎的成熟过程。最近生物学有一种新研究趋势，过去人们研究动物或植物时，大都在成熟的个体中进行采样，社会学中的人类研究也是这样。现在科学家尝试采取相反的方向对人类或其他生物进行研究，就是针对幼小或原初的生命进行采样。于是，胚胎学渐渐地受到了重视。这种科学关注的是受精卵的生命是来自两个成人的细胞结合的结果。孩子的生命开始于成人，也结束于成人，这是生命必须经历的过程。

孩子是在爱的包围中来到这个世界上的，他是父母爱的结晶，一出生就享受着父母的爱，这是造物者为孩子提供的特别保护。这种感情是非常自然的，它不出自人工，也不是理性要求的结果，更不同于慈善家、宗教家或社会活动家所要唤起的爱。孩子在生活中感受到的这种爱，是人类道德的理想境界，是一种奉献之爱，可以让人无怨无悔地奉献自己。父母非常自然地做出牺牲，越奉献越快乐，而且他们丝毫也不觉得这是一种牺牲。这就是生命的本性。这种生命状态比“适者生存”的竞争要高尚得多。这是一种外加于本性之外的特殊本能。因此，法国大生物学家法布尔在研究物种时提出，物种之所以能够得以延续，不仅是因为它们有天赋的自卫武器，更因为它们有一种伟大的母性本能。低等动物保护幼小一代时所表现出来的智慧就证明了这一点。

19世纪时，科学家曾认为，在人的胚胎细胞中有一个结构基本完备的迷你小人，然后它慢慢长大，就像其他哺乳动物一样。他们甚至还为这个“小人”究竟是来自男人还是女人而展开争论。直到发明了显微镜，有了进一步的研究，他们才极其不情愿地接受了一个结论：胚胎内根本不存在任何先天的人的雏形。

受精卵一分为二，再由二变四，如此不断地增殖，从而形成了胚胎。到目前为止，胚胎学的研究发现：就像一个人要建造一座房屋必须先积累许多砖块一样，当细胞分裂达到一定数目时，就开始筑起外墙，然后开始在墙内建构器官。

胚胎建构器官的方式非常特别。它从一个细胞、一个点开始，然后围绕这个细胞开始迅速分裂，当这种活动停止的时候，器官就产生了。发现这种现象的人对此这样解释：器官产生的区域涵盖着许多敏感点。器官起先各自独立发展，似乎每个器官只是以自己为发展目的。当它们进行密集的活动时，会围绕着一个中心，显得非常团结，仿佛充满着理想。它们不断地发生变化，与周围其他的细胞越来越不一样，呈现出预定中要形成器官的模样。等到不同的器官各自独立地形成之后，就会出现一种力量让它们联系、结合在一起，相互依存，缺一不可。婴儿就在这个时候诞生了。首先，循环系统联结全身的器官，然后，神经系统会完成整个联结。所有的建构计划都基于一个点，从这个点出发完成每一项创造工作，当器官建构完成，它们就会紧密地结合在一起，呈现出一个独立的生命体。所有的高等动物都遵循着这个计划来建构，这是自然界唯一的一种建构计划。

心灵的敏感期

人类的心灵好像也沿着相同的路径进行发展，也是从“无”开始的。在新生儿的内心并没有任何现成的东西，心灵的建构也是围绕一个敏感点而产生，而此前是不断积累资料的过程，这通过有吸收力的心灵来完成。当积累进行到一定程度，就会出现更多的敏感点，具有超乎人们想象的强烈程度。语言的获得就是一个典型的例子。由敏感点所引发的并不是心灵的发展，而是心灵发展所需要的建构过程。心灵建构开始也是各自独立地进行发展，说话、走路、判断远近、辨认方向以及其他协调运动等能力也都是这样，它们都各自围绕一种兴趣发展，非常明确地把孩子引向某类活动。当相应的建构完成之后，那种敏感性也就随之消失了。直到所有建构都完成了，它们才结合起来构成心灵的实体。

如果我们不了解敏感期以及其出现的顺序，我们就不会明白孩子的心灵是怎样建构的。经常有人辩解说，以前的人根本不懂敏感期，他们一样培育出了健壮的后代。可是要注意的是，在我们今天生活的时代，很多自然赋予母亲的本能受到极大的压抑甚至消失了。过去，母亲能够本能地协助孩子在敏感期成长和发展，她们走到哪里就把孩子带到哪里，这正好为孩子的发展提供了他所需要的环境，而且她们用母爱保护孩子。而如今的妈妈已经失去这样的本能，人性也正趋向于退化。所以，研究母性的本能是非常重要的，这与研究孩子自然发展同样重要，两者相辅相成。

回归自然的母爱

母亲必须回归自然。母爱也是一种大自然的力量，应当为科学家所重视，致力于对其的研究，并协助母亲重新恢复她们失去已久的本能。我们应该教育母亲学习这种知识，让她们能够从孩子一出生就给予他们心灵的保护，而不是把孩子交给受过训练的护士，尽管那种护理非常讲究卫生，但那只是在表面上满足孩子的生理需要。实际上，孩子在这种照顾下，很可能因为精神困顿或心灵匮乏而死去。

这种骇人听闻的事情在荷兰的某个城市就曾经发生：

有一个机构希望教导低收入的母亲学会实施卫生保健。同时，他们把一些失去父母的孩子安置在十分完善且管理科学的环境中，那里有营养丰富的食物，而且由受过最新观念训练的护士来照顾孩子。可是，不久那里还是引发了疾病，造成了许多孩子的死亡。而由低收入父母照顾的孩子却没有患相同的病，他们看起来比享受到妥善照顾的孩子更健康。值得庆幸的是，这个机构的医生发现了他们缺乏的某种重要条件，而且立即进行了补救。护士们开始学着用母亲的方式去对待孩子——抱抱他们，跟他们玩耍。在发自内心的爱的引导之下，并与社会适当接触，那些孩子才逐渐恢复了笑容和健康。

◆

第 6 章

儿童的行为能力

◆

生命体是怎样形成的

虽然行为主义的研究以及据此发展的理论都无法完全解释生命的奥秘，但它们对于厘清事实是很有帮助的，可以让我们弄清楚生长是怎样发生的。能够确定的是，各种动物的生命发展都遵循着同一个建构计划。很多动物早期的胚胎都很相似，不管是人、兔子，还是蜥蜴，这是非常有意义的。脊椎动物的胚胎发育都有类似的历程。只是等到胚胎的发育完成了，它们的差别就比较大了。有一点是可以肯定的，那就是，新生儿是一个心灵的胚胎，每个孩子在出生时都是相似的，所以在心灵胚胎的成长和心灵的建构时期，都需要同样的对待和教育。不管将来会成为什么样的人，天才或者苦力、圣贤或者罪犯，他们都要走过一段相同的发展路程。所以，生命最初几年的教育应该是相似的，应该由自然的本性来表达。

每个个体都有内在的个性和自我，其发展是自然而然的，不为我们所左右，我们只能辅助一个人去实现他自己，为他排除生长过程中阻碍自我实现的事物。我们已经知道敏感点的存在，而器官正是围绕着敏感点逐渐形成的，循环与神经系统也会随之出现，来实现联结与整合。不过，科学还不能进一步解释生命体是怎样形成的，也不能解释生命体是怎样成为自由而独立的个体，怎样获得与众不同的个性。

1930年，美国费城的一些学者在生物学的研究中，获得了一项发现，跟已有的理论完全相反。学者们发现，大脑中的视觉神经中心形成得比视觉神经要早，更远在眼球形成之前。而由此推出的结论是，对于动物来说，心理的形式要先于生理的形式。动物各自的本能和自然的习性早在其表达器官形成之前就存在了。既然心理部分事先就已经存在了，那么这就意味着其生理部分是自动完成自身建构的，并且符合其心理需求和本能。每一种动物的肢体和器官，都是最适于表达它们这个种类的本能的。可以看出，新的行为主义理论跟旧的观点——认为动物为了适应环境而采取某种习性，二者是不一样的。过去，人们认为个体以意志的力量引起身体结构在生存竞争中进行必要的修正，从而适应环境。渐渐地，经过无数代的演变，身体终于完成调整和适应。新的理论并没有完全否认这些，而是把动物本能的习性或行为置于核心地位，在它的能力范围之内，也能够成功完成适应环境的工作。

自然界的“隐秘命令”

我们能够在牛的身上发现这样的例子。牛是一种健壮有力的动物，根据世界地质学的研究，我们能够追溯它的进化过程。当地球被植物所覆盖时，牛就出现在了地球上。有人可能会问，为什么牛要选择最难消化的草作为食物，并且为此发展出四个胃呢？如果这只是为了生存下去，它们吃别的东西或许更容易些，因为其他食物数量也很多。数千年已经过去，牛仍然只是吃草。用心观察，你会发现，牛是在靠近草根的地方把草咬断，并不是把草连根拔起，它们似乎知道草需要经过这样的修剪才能使地下的茎长得好，否则很快就会开花、结果，然后枯死。人们还发现，草是非常重要的，因为它能够防止水土流失，稳固和保护土壤，使土壤肥沃，让它适合植物的生长。这些都显示出草在自然界中的重要性。

除了啮咬之外，还有两件工作对维护草非常重要，一个是施肥，另一个是被重物滚或压。有什么农业机器能把这三种工作做得比牛还要好呢？这种美妙的“机器”除了帮助草生长、维护土壤之外，还能生产牛奶。因而，牛的行为好像就是为了自然的目的而设计的，就像乌鸦和秃鹰是为了其他工作而设计的一样，它们可以说是自然界的清道夫。

从各种各样动物选择食物的例子中，我们可以得出结论：动物吃东西不仅是为了满足自身的需要，而且还是为了完成一种使命。不论是否是生物，它们都参与了自然界的动作，才有了整个造物体系的和谐。有些生物吃东西非常没有规律，它们不只是为了维系生命而吃。可以说，这些生物不是为活着而吃，而它们活着的意义却在于“吃”。比如蚯蚓，每天吃下的泥土量大得惊人，几乎是它们身体容量的200倍。达尔文第一个提到，如果没有蚯蚓的存在，地球可能就不会这样肥沃。

我们所熟知的蜜蜂传播花粉是另外一个例子。从行为主义的角度来看，动物牺牲自己而为其他生命的生存效力，它们不仅是为了自己而生存。类似的情况在海洋中也能够发现，有一些单细胞生物的功能就像过滤器一样，可以除去水中某些有毒的盐分，为了实现这种功能，它们要吸入大量的水。如果人按照这样的比例来喝水，每分钟大约要喝4升水。动物本身并不知道它们的生存同地球生态之间的关系，但是更高层次的生命，地球表面的土壤、空气和水的净化都依赖于它们。

从中我们会清楚地看到，自然界仿佛存在一个既定的建构计划，它像一个“隐秘的命令”，动物器官的完成，甚至是它们生命的目的，都是为了服从命令和完成计划。它让一切造物和谐地存在并且创造出一个更加美好的世界。这个世界并不是为了我们的享受而创造的，而我们的存在却是为了这个世界的发展和演化。

孩子具有无可比拟的发展能力

当我们对人类进行研究并将其与其他动物进行比较时，会发现人类与其他动物的确有很多不同之处。其中主要的一点是人类不具有特殊的运动方式，或者不具有特定的栖息地。所有的动物中，只有“人”最能够适应各种气候和环境，热带或极地，沙漠或森林，只有“人”可以自由自在地去他想去的地方。人还可以进行最多样化的运动，而且能够用自己的双手做事，这是其他动物做不到的。对人来说，好像没有什么是做不到的，相当自由。人类拥有最多种的语言，可以走、跑、跳、爬，还可以像鱼一样游泳，可以从事充满美感的运动，比如跳舞。可是，当孩子出生时，却没有一样能力在他们身上体现出来，他们需要从出生开始一项一项地学习。

孩子刚出生时没有任何行为能力，可以说几乎是瘫痪的，他们借助练习慢慢学会了走路、跑步和像其他动物一样攀爬，但这都必须靠他们自己去努力。人类的孩子不仅会获得人类所有的能力，远远超过其他动物，而且还能够调整自己从而适应他所要面临的气候、生活环境以及文明社会种种日益复杂的要求。自然界把这种工作只交付给儿童来完成，成人已经无法轻易适应。成人仿佛永远难以精通外国语言的腔调，即使这种语言要比他自己的母语简单很多。成人或许喜欢某个环境，但只能将它置于记忆中，而孩子却不知不觉地把它吸收了，并使其构成自己心灵的一部分。孩子就是这样把所听到的、所看到的融入其中，变成自己所拥有的东西，甚至成为自身的一部分。语言是个典型的例子。心理学家把这种记忆力叫作内在美，它的任务就是为个体建构一种行为，使其不仅能够适应他所属的时间和空间，也适应这个社会的精神意识。成人常常发现自己带着感情和偏见，特别是在宗教方面，有些人觉得用客观理性来判断应该拒绝，可实际上他们却很难摆脱，因为那已经成为他们的一部分，已经融入他们的血脉。

如果我们要改变某个国家的风俗习惯，或希望加强某个民族的某种性格，我们必须把孩子作为突破口，从他们小时候就开始行动，因为能够在成人身上做的事情是非常有限的。如果想改变一个国家或者一个民族，不管是要变好还是要唤醒宗教意识或者提升文化品位，我们都必须仰仗孩子，只有他们才拥有无可比拟的能力。

◆

第 7 章

3岁的孩子

◆

幸福的游戏期

造物主好像在儿童3岁的时候画了一条界线，将3岁以下和3岁以上分开了。前一个阶段虽然充满了重要事件，并具有一定的创造性，但它就像出生前的胚胎期一样，成了被遗忘的时期，因为儿童3岁才开始形成意识和记忆。在精神胚胎时期，有些发展是各自分开、独立进行的，比如语言、四肢的运动和协调，还有一些感觉的发展，就像出生前，胎儿的身体器官一个接一个地出现一样。但是，这些发展变化他们自己却完全不记得了。这是因为儿童在3岁以前，人格还没有形成，只有当他们完成了各部分的建构，才可能形成统一。潜意识与无意识的发展时期仿佛被人们从记忆中抹去了，所以当儿童满3岁来到我们面前时，我们会为他们的变化感到不可思议。

孩子与我们之间的沟通似乎被造物主夺走了，除非我们了解他们早期的生命状况，或者知道他们的本性，否则我们很可能会不自觉地去毁坏他们已经建构好的东西。人们在创造文明时已经背离了生命的自然之路，受文明洗礼的人类只重视物质的保护，却不知道呵护自己的心灵，结果留给孩子的是禁锢和充满了障碍的环境。

成人完全监管着孩子的成长。除非他们拥有来自造物主或科学发现的启示，否则这些成人只会给孩子的成长带来极大的阻碍。3岁的孩子必须在环境中进行活动，把自己3年来所创造的能力运用出来，才能获得持续发展。他们已经不记得前几年发生的事情，但他们的能力已经进入意识的层面，需要通过各种活动得以展现。儿童可以在智慧之手的导引下，在玩耍中执行心灵的意志。

对于孩子，可以这样说，他们之前用心灵探索世界，现在是用双手探索世界。他们要继续完善以前获得的各种能力，比如语言等。他们虽然已经获得了一定的完备发展，但一直到4岁半，他们都还要继续充实相关的内容。他们的心智仍然具有精神胚胎时期的吸收能力，而且不知疲倦。现在，双手又成了他们理解事物的直接器官。这时，他们的发展主要依靠双手的工作，而不是靠两只脚到处行走。这个年龄段的孩子能持续玩耍很长时间。如果让他们双手持续不停地忙碌，他们反而像水中的鱼儿一样快乐。成人把这个时期叫作“幸福的游戏期”。

市场上也有很多为满足孩子游戏活动的需求而设计的玩具。结果孩子的生活环境中到处都塞满了没有价值且无助于心智发展的玩具。孩子想去触摸每一件东西，可成人只给他们其中的一部分，比如沙子和水等，而不提供其他东西。当他们玩腻了沙子，成人就给他们玩过家家的玩具，有小厨房、小屋子、小钢琴等，但这些都不是真正能使用的东西。成人看出孩子想学着像大人一样做家事，可是给他们的东西又不是真的。这真是太可笑了！

孩子没有人陪，父母会扔给他们一个假人——洋娃娃。不过，洋娃娃或许比很难陪伴他们的爸爸妈妈还要现实一些。可洋娃娃不能说话，也不会回应孩子对它的爱，只能勉强地被孩子当作接触社会的代替品。玩具显得越来越重要，因为人们觉得它对儿童的智力发展有帮助。有玩具当然比没有东西玩要好，可问题是孩子很快就会对一种玩具感到厌倦，然后再要求得到新的玩具。有时候，孩子会故意把玩具弄坏，人们认为这是因为他们喜欢把东西拆成碎片，或者是因为他们有破坏的欲望。其实这都是人为造成的性格，孩子这样做是因为没有合适的东西可以使用。孩子是不会太喜欢这些玩具的，它们不是真的。孩子会因此变得无精打采，不能专心，心理发展还会慢慢地偏离正轨，甚至出现人格的扭曲、偏差。其实这个时期的孩子是很想认真地在各方面模仿成人、让自己更加完美的，只是他们的努力总是受到成人的否定，他们就这样在无奈中走向了歧途。

社会的文明程度越高，孩子就越可悲。生活在简单社会的孩子是比较平和、快乐的，他们能够自由地使用周围的东西，不用担心会把它们弄坏，因为那些东西都不昂贵。他们的妈妈洗衣服或者烤面包的时候，这些孩子也可以在旁边参与，如果找到了适合自己的事，他们就能为自己的生活做好准备。

3岁的孩子需要为自己工作，这是一个毋庸置疑的事实。如果给他们一些根据他们的身材比例制作的东西，允许他们学着成人的样子去操作，他们的性格就会变得平和、满足。他们不关心生活环境里那些不常见的东西，因为他们的活动就是要让自己去适应所处的世界，遵循造物者的旨意——享受完成一件事的快乐。

所以，新的教育方式是为孩子提供符合他们力量、尺寸的东西，来引起他们活动的兴趣。就像成人在家或在田地里工作一样，孩子也需要有属于自己的家和田园。不能只给孩子过家家的模型，应该给他们一个真正的家；不用给他们玩具，要给他们能够使用的小型工具耕作园地；不需要给他们洋娃娃，要给他们一群小伙伴，让他们去感受社会生活。我们要用这些来取代以前的玩具。

当我们除去了这些障碍，把虚假的玩具抛到一边，给孩子真实的东西时，他们的反应可能会出乎我们的意料。孩子会有一种不同的人格表现，他们会坚持自己独立地工作，拒绝成人的帮助。他们明确地表示要自己做事，让很多母亲、保姆、老师都感到吃惊。现在，孩子成了环境的主人，成人只能在孩子旁边进行观察。

3岁的孩子内心有一个“老师”

很多年前，我在罗马很幸运地看到了一件事，那是在特殊的情形下发生的。如果当初我们的学校是在纽约的高级住宅区创办的，可能就不会拥有现在这样引人注目的成就。贵族学校虽然拥有丰富的物资，但很多习以为常的事情却会成为孩子成长的阻碍。

当时，我们拥有3个有利于实验观察的环境因素：

1.学校位于极其贫穷而且条件非常艰苦的地区。穷人家的孩子可能在物质资源上比较贫乏，但他们拥有自然环境，他们的内在是富有的。

2.孩子的父母大多是文盲，不会向孩子提供自以为是的帮助。

3.老师都不是专业教师，因此没有传统教育偏见的束缚。

假如在美国进行这个实验，或许就不会成功，因为当地政府可能会找来最好的老师。而“好老师”就意味着学了很多对孩子没有好处的东西，老师脑子里充满了跟“孩子自主”相背离的观念。他们只知道把自己的理念强加给孩子，结果只会阻碍孩子的发展。

要想取得实验的成功，最好选择贫穷的孩子作为实验对象，创造他们没有经历过的环境，提供设计科学的教具，来激起孩子的强烈兴趣，唤醒他们的专注力。40年前的这个实验引起了很大的反响，因为人们从来没有看过3岁的孩子有这样的表现。然而，专注只是孩子的一种基本表现，随着实验一项接一项地进行，孩子投入地沉浸其中。在过去的环境中，他们无法得到满足，于是注意力常常跳来跳去，不能集中对待任何一件事。但我们已经证明，这种情形不是他们真正的性格表现。

我们一定要认识到，3岁的孩子内心有一个“老师”在一直准确地引导着他们。我们说孩子是自由的，意思就是说他们的内心是被强有力的自然所引导。这样的孩子会把工作做得很彻底。比如，我们本来只期待他们擦桌面，可他们连桌脚、桌边、底面、缝隙都擦到了。如果老师给他们自由的空间，不去干涉他们，他们就会专心地投入工作。大部分老师常常忍不住不停地打岔、指导孩子，所以习惯受内在自然引导的孩子是无法跟喜欢指导别人的老师相处好的。比如，老师可能觉得应该由易到难、循序渐进地引导孩子，可孩子也许喜欢先复杂后简单，甚至有时跳跃式地做一件事。

帮助老师摆脱偏见

老师的另一个错误认识是关于对疲劳的理解。当孩子具有浓厚的兴趣时，是不会觉得疲倦的。但老师每隔几分钟就让他们换种方式，休息一下，反倒会让他们丧失兴趣，并产生疲累感。从师范学校毕业的老师，一般都无可救药地固守这些偏见。今天，绝大多数的大学也抱持着这种偏见。他们认为每学习45分钟，就应该休息一下，这实在是极其不利的。

教育学遵循的是人类社会的逻辑，但自然的心灵却遵循着不同的逻辑、不同的法则。一直以来，人们把心智活动和身体活动视为两种不相关的活动，认为进行心智活动就应该安安静静地坐在教室里，而进行身体活动时，就要把心智放到一边。这无异于把孩子切分成两半。一旦孩子开始思考，就不允许他们使用双手，而大自然却表明：不使用双手，孩子就不能思考，甚至他们可能还需要像古希腊那些游走四方的哲学家一样，边思考边不停地走动，他们的思考要和动作同时进行。

我们尽可能地帮助老师摆脱各种偏见，这也是我们最大的成就。如果教育还有可以设想的空间，而受过训练的老师又非常少，我们就要谢天谢地了。这是很理想的情形。当然，新老师需要了解一些基本的情况。

在我的第一个实验学校里，我的助理是公寓管理员的女儿。我亲自对她进行了指导，告诉她在给孩子示范教具的特定使用方法和顺序之后就可以走开，让孩子自己去进行下面的操作。我的助理虽然没接受过专业的教育，但她对这一点却执行得很好，当她完美地完成工作后，孩子的表现让她感到非常惊讶。她还以为是天使或神灵替孩子完成了那些事情。她有时会惊喜地跑来告诉我：“夫人，在昨天下午2点，孩子开始写字了！”这些孩子写出优美的句子，让人们觉得好像有神力在帮助他们，因为这些孩子之前从来没写过字，也不懂得阅读。

经验让我们懂得，老师应该学会逐渐放手，保姆应该给孩子准备好材料，然后让他们自己去动手。我们的工作是要向老师证明，我们没有必要干涉孩子，即使他们做错了也没关系。这种方法可以说是一种“非干预教学法”。老师需要做的是，判断孩子可能会有什么需要。就像仆人细心地为主人准备好饮料，然后就退下去，让主人随意地品尝一样。老师也应该学会谦卑地行事，不要把自己的意愿强加给孩子，但同时也要保持警惕，关注孩子的发展情况，为孩子的进一步需要准备教材。

社会地位不高的家长最能热心地配合我们的教育工作。在孩子写出第一个字的时候，不识字的父母会高兴得把他们的孩子举起来。可是，富有家庭的父母常常只表示出淡淡的兴趣，他们可能还会追问孩子，学校有没有继续进行美德教育方面的课程，而写字的成果看起来似乎没那么重要。当孩子想做打扫的工作时，这些父母可能会对他们说：“这是用人应该做的事情，你到学校读书，不是为了学做这些低贱的事情。”还有的母亲会觉得孩子太小，还不太适合学习算术，担心他们把脑子用坏了，就出面进行干预。于是，孩子的情绪变得很复杂，时而有优越感，时而有自卑感，心智不能健全发展。

在我们的教育实验里，有些情形会让不了解状况的局外人感觉很糟糕，但实际上这些情况却非常有价值，它们不仅对孩子有好处，还会影响家长。在我们最早成立的学校里，孩子进行了跟家务有关的练习活动后，回去就告诉自己的母亲衣服上不能有污点等卫生事项。很快，他们母亲的衣服开始变得干净整洁。就像我们手里拿着可以施展魔法的魔杖一样，在孩子学会读书写字后，很多父母也开始想学习了，整个社区的气氛、环境都因为孩子而开始有了改变。

◆

第 8 章
让孩子回归自然

◆

自由发展的原则

许多热心人给我提建议：为什么不以原来的幼儿教育方法为基础，继续进行研究呢？这样对7岁以上儿童所接受的新式教育发展更有帮助。可以看出，这些人其实是对我提出的那些教育法则是否适用于这一阶段的儿童产生了疑问。根据我的了解，他们主要是质疑有关道德规范方面的内容。

难道儿童就不应该学习尊重别人的意愿吗？难道他们就不会有一天要主动地进行一项必须完成的工作？难道他们就不应该具有自我牺牲的精神？

另外，还有一些人为学龄儿童设计了各种奇怪的算术表和语法规则，目的是要对他们进行脑力训练。到底是应该彻底摒弃这些内容，还是强制儿童去接受这种课程呢？

很明显，这些争论的核心在于如何理解我提出的“自由”。“自由”在我所提倡的整个教育体系和教育理念中，处于至关重要的基础地位，我们必须严肃地对待。

当然，我知道，要给大家一个简洁、直截了当、确定无疑的回答，是很有难度的。争议总是不可避免地存在着，即便是那些我们确信无疑的东西也会被质疑。

下面有一些相关的例子，它们也许能更清楚地体现我要表达的意思。在对待婴儿的问题上，我们过去采用的是什么样的方法呢？一定有很多人对那些传统和惯例印象深刻。比如，把婴儿捆束起来，以避免他们的腿长成罗圈腿；把婴儿舌下的韧带割断，这样他们到了一定的年龄后才能自然地说话；要一直给婴儿戴着帽子，不然他们的耳朵就会突出来；一定要注意婴儿躺着的姿势，不能让他们柔软的颅骨发生变形；有的妈妈还经常会一个劲儿地去捋或捏宝宝的小鼻子，希望通过这样的方法让宝宝的鼻子变得长一些或更加高挺；有的妈妈在婴儿出生后不久，就在孩子的耳垂上穿上一种小金耳环，因为据说这样能够“改善孩子的视力”……现在，有些国家已经摒弃了这类习俗，但仍有一些国家还在延续这样的传统。

再以成人帮助幼儿走路为例。一些教子心切的妈妈，在宝宝出生后的头几个月里就开始教婴儿走路，甚至每天都不厌其烦地教上好几小时。她们扭动着婴儿弱小娇柔的身体，好奇地盯着他们的小脚没有目的地移动。令人觉得好笑的是，她们真的会由此认定宝宝已经开始学走路了。其实，在这一时期，婴儿的神经系统还没有完全发育，不可能进行协调的运动。不过，婴儿的足弓确实在这时渐渐形成，所以他们才会开始试着去移动小腿，而妈妈们不知道真实的情况，还以为孩子在走路方面的进步是自己教导的结果。这时候，婴儿刚刚具有运动能力，还没有建立起身体的平衡感，所以不能站立。有些妈妈就用带子提起孩子的身体，牵引着他们在地上行走。她们有时还会把孩子放进一种特别的竹篮里。这种篮子底部比较宽大，孩子在里面不会翻倒。妈妈就把婴儿的身体捆在里面，让他们的手臂放在外面，他们的整个身体靠竹篮的上部支撑着。在这种装置中，虽然婴儿不能用自己的脚站起来，但他们可以向前移动双腿了。而在妈妈的眼里，婴儿的这种表现就是在走路。

然而，成人强加给孩子一种具有辅助作用的支撑物，就像我们为残疾人提供具有支撑作用的拐杖一样。如果孩子习惯了依靠篮子，一旦有一天篮子突然被拿走，他们就一定会摔倒。

当我们把科学引入儿童教育领域的时候，它给整个社会带来的是什么呢？我要郑重说明的是，它不可能教你怎样让孩子的鼻子长得高挺，也不会教你怎样使孩子的耳朵保持完美的样子，更不会教你怎样让婴儿出生后马上就能走路。我只是向你证明：自然本身决定着头、耳、鼻的形状；不割断舌头下面的韧带，孩子也能学会说话；腿会自然地长直，行走的能力将自然地产生。我们最好不要对它进行人为的干预。

我们应该遵循一条原则：尽量把所有的事情留给自然。婴儿越是能得到自由的发展，他们的身体比例就会发展得越协调，身体机能也会发展得越健全。我提倡去除各种束缚，让婴儿在恬静的状态下生活，让他们始终处于最大限度的安宁之中。我们要让婴儿的双腿完全放松，让他们在躺着的时候能够得到充分的舒展，不要刻意逗弄得婴儿手脚乱动。一定不要在时机还不成熟的时候强迫孩子走路，要相信一旦时机到来，孩子就会自己站立起来，自然地开始行走。

令人欣慰的是，现在很多母亲已接受了这种观点，而那些卖绑带、布袋和篮子的商人也只好另谋生路了。

这带来了什么样的结果呢？一个事实是有目共睹的：孩子的腿比以前长得更直了，他们走得也比以前更灵活了。这已成为一个客观存在的事实，当然也是一个最让人高兴的事实。回想一下，因为一直认为成人的呵护直接决定着儿童的双腿、鼻子、耳朵甚至头部的形态，所以我们为此度过了多少担心忧虑的日子呀！由于我们觉得自己责任十分重大，甚至大家都感到自己担当不起！而有了客观的认识之后，我们现在就明白了，大自然会考虑这些问题的。我们需要做的只有给孩子自由，看着他们健康地成长。就让我们来做这个奇迹的旁观者吧！

对于儿童的内心生活，我们也经历过类似的情况。我们曾经认为，孩子在塑造性格、发展智力、学会表达情感等方面，都非常需要我们的帮助。为此，我们也曾同样深感担忧。我们经常问自己：我们应该怎样帮助孩子呢？正如那些常常捏孩子的鼻子或者用帽子限制孩子耳朵的妈妈一样，我们能用某种特殊的方法去约束他们的心灵吗？实际上，人的性格、智力、情感等心理素质的发展跟身体的成长是同步进行的。

需要明确的是，我们既不能创造物质，也不能缔造精神，一切都由自然掌控着。如果我们对这一点确信无疑，我们就必须遵循“不干预儿童的自然发展”这条基本原则。而且，我们也不能孤立地对待问题。换句话说，我们不要去片面追究什么是对个性、智力和情感的发展最有帮助的因素。其实，要想揭示出教育的根本，就要搞清楚一个问题，那就是：我们应该怎样做到给孩子自由？

只有以自由为发展原则，才能真正为孩子设计出一套科学地促进他们身体成长的方案。也只有在自由的氛围中，人的头、耳、鼻才能进入最完美的发育状态，他们走路的姿态也会在其先天能力的基础上日渐完美。同样，只有自由，才能让孩子的性格、智力与情感在最大程度上得以发展。这种自由原则还要求教育者带着一种平和的心态去关注孩子在成长的过程中发生的每一个奇迹。这种自由能让我们在虚构的责任和忧虑所带来的痛苦重压下得以解放。

不幸的是，当有人告诉我们，那些令我们不堪重负的责任其实跟我们无关时，我们还在自欺欺人地认为我们的努力是在完善儿童，而其实他们是在独立进行自我完善的！当有人向我们指出这个道理以后，我们才为此感到忧虑，并抱怨自己为什么这么愚蠢。可是，我们也不愿意就此罢休，还要思考更加深奥的问题：我们的真正使命和责任是什么呢？如果我们过去做的所有事情都是在欺骗自己，那什么才是我们应该追求的真理？我们是否犯了渎职的罪行？我们要承担什么罪行？

婴儿养护的卫生学原则

从婴儿“身体改善”的历史中，我们也许能得到一定的启发。在这方面，卫生学的努力方向非常正确，它没有将自己局限在人体解剖学的范围。相反的，它不仅让人们对身体的发展有了一个基本的认识，而且让每一个人确信，身体的发展是自然的。实际上，婴儿的幸福与体形的完美并没有什么必然联系，真正值得科学研究的是高得令人瞠目结舌的婴儿死亡率。

在婴儿身心不断受到疾病侵袭的现状下，我们还去考虑他们鼻子的形状、腿的样子等，却不去关注关乎生死的儿童死亡率问题，这实在令人感到诧异。我相信很多人都跟我一样多次听到下面这样的对话：

“我对照顾儿童很有经验，我生过九个孩子。”

“那活下来的有几个？”

“两个。”

这么低的成活率，这个人竟然还觉得自己在养育孩子方面有经验！

高死亡率不仅限于一两个国家，这种可怕的情况已经威胁到整个人类社会。造成这种情况有两方面的原因：首先，这当然是缘于婴儿特有的脆弱性；其次，由于儿童的脆弱普遍缺乏人们的保护。

其实，造成这个问题的原因并不在于人们不希望保护好儿童，也不在于父母没有爱孩子的心，而是人们的无知带来了这样的结果。人们一点儿也没有意识到这种危险的存在。

据我了解，现在危及婴儿生命的最大因素是传染病，尤其是一些内脏器官的传染病，几乎成了所有死亡事故中的主要原因。而这种疾病还经常因为人们照顾婴儿的错误方法而加重。成人的错误主要表现在缺乏保健常识和没有计划地对待婴儿的膳食上。比如，他们并不清洗婴儿换下的脏尿布，而是把它拿到太阳下晒干就给孩子换上。再比如，有些妈妈从不注意清洁自己的乳房和婴儿的口腔，婴儿口腔发炎就是由此导致的。还比如，喂奶应该听从孩子发出的哭声信号。不论是白天还是夜晚，孩子的哭声都是喂奶的唯一指令。但是有时候，孩子会因消化不良引发不适，而且他们越不舒服就越会哭叫。有些不了解情况的成人这时反而会更加频繁地给孩子喂食，也就导致了孩子病情加重。我们甚至看到过这样的情景：妈妈怀抱发热的宝宝，为了让孩子安静下来，把奶头一直插在孩子哭叫的小嘴里。我们既能感受到这位妈妈内心充满了奉献的精神，同时也很理解她的烦恼！

科学在这方面为我们提出了一些原则，它要求人们尽可能地讲卫生。它阐述的每条原则都很简明，如果成人还不知道这些简单的原则是为他们制定的话，那简直令人感到震惊。看看这些原则是不是非常简明吧。比如：

- 最小的婴儿也应该像成人一样，按照一定的规律进餐。
- 应该在孩子消化了前一次的食物后，再给他们喂一些新鲜的东西。
- 调节婴儿饮食的时候，应该以婴儿的年龄月份和生理功能的发展为依据。
- 两次哺乳要间隔几小时进行。
- 不管是多大的婴儿，都不要让他们舔食干面包，因为婴儿很有可能会把面包屑吞下去，但婴儿在这个年龄段还不具有消化它的能力。

让很多妈妈感到烦恼的是：孩子哭闹时，成人应该怎么办？事实上，她们会惊讶地发现，过一段时间以后，孩子啼哭的情况大大减少了，有些孩子甚至完全不哭了。即使那些只有1岁大的孩子，在2小时的喂食间歇时间内也表现得非常安静、祥和，他们面色红润，眼睛睁得很大，安静得就像大自然在刹那间静止了一样。

孩子为什么会不停地哭叫呢？这些哭声实际上常常是痛苦和死亡的信号。而世界竟对这些哭叫的小家伙感到无能为力。他们被包裹在层层襁褓之中，很多时候甚至由一个不能胜任的小孩来照顾，他们既没有自己的房间，也没有自己的床。

科学拯救了孩子，为他们创造了保育室、摇篮、婴儿房以及合身的衣服。工业文明给断奶后的儿童特别提供了卫生的食物，卫生学专家给他们带来了富于营养的食品。总之，一个全新的世界已经为他们创建好——清新、充满智慧与快乐。孩子成了真正享有自己生存权利的一代“新人”。这些正是跟科学的卫生法则的普及紧密相关。

应该在精神上给予孩子自由，因为充满创造力的自然比我们更能打造他们的心灵。当然，这不是说我们可以忽视儿童的精神或者任其随意发展。观察我们所做的一切就会发现，即使我们不能直接塑造孩子的性格、智力和感情，但我们确实担负关心他们的责任。很多时候，这种责任被大家所忽视。儿童在精神上出现某些缺陷就是由于我们忽视了某些相关的责任。

所以，自由并非放任自流，而是带我们从幻想走入现实，引导我们积极有效地照顾儿童。

◆

第 9 章
儿童的公民权利

◆

儿童护理领域的进步

卫生学已经将自由纳入婴儿的生理生活中。自由的具体表现有：取消婴儿的包裹带，让儿童享受户外生活，延长儿童的睡眠时间，做到让儿童自然醒来，等等。但是，在我看来，这些仅仅是让儿童获得自由的手段。让儿童在生命旅程之初就摆脱疾病与死亡的威胁，才是使儿童获得自由的更为重要的措施。一旦将这些障碍清除，不仅儿童的存活率会大大提升，而且他们的成长发育也能快速得到改善。

卫生学在帮助儿童增长身高、体重，使他们的外形变得更为漂亮等方面起到了一定的作用，但是这些还远远不够！卫生学所做的工作充其量也只是排除了某些影响儿童生长的不利因素。也就是说，有些外部条件妨碍了儿童身体的发展和生命的自然进程，卫生学则帮助儿童冲破了这些枷锁的束缚。每个人都应在认识到“儿童应该得到自由”的同时，也认识到“满足儿童生理、生活条件”与“给予儿童自由”是相辅相成的。由于护理领域的发展，婴儿如幼苗一般受到照顾——良好的食物、清新的空气、适宜的温度，再加上对各类易诱发疾病的寄生虫予以攻克，使我们可以毫不夸张地说，我们照料这些“天之骄子”的精细程度，就如同对待别墅里最美丽、最娇弱的玫瑰一样。

“儿童是花朵”，这是一个流传已久的比喻。我们希望现实也是如此。但遗憾的是，现在获得这种特权的仅限于某些幸运的儿童。尽管有人呼吁“孩子也是人”，但现实的情况却是，我们可以满足一株植物所需要的生长条件，却不能满足儿童成长所必需的条件。当我们看到一位深陷痛苦之中且极其虚弱的瘫痪病人时，我们会充满同情地说：“唉，他就像植物一样地活着，已经失去了人类生存的意义。”确实如此，这个人除了一具躯壳，其他什么都不存在了。

儿童的权利

既然婴儿也是人，我们就应该用对待人的方式来对待他们。在这个躁动不安的社会中，当我们密切注视婴儿的行为时会发现，他们是多么生机勃勃，对生活多么满怀期望啊！

儿童拥有什么样的权利？要回答这个问题，我们首先应将儿童视作一个社会阶层、一个劳动者阶层。事实上，儿童也在进行着一项创造性的劳动——成长为人的劳动。他们在创造自己的未来。他们在为自己身体和心理的成长全身心投入地工作着。母亲在为他们进行了几个月的工作之后，就将后面的工作都留给了他们，他们要自己去完成。也就是说，儿童的任务将会更为艰辛、更为复杂、更为困难。孩子在出生时，除了具有内在潜力之外，可以说一无所有。我们成人必须承认，儿童将不得不在一个充满荆棘的环境中完成每一个任务！

在出生时，人类比动物更加脆弱、无助。经过几年的磨炼，他们就会长大成人。他们所处的社会是经过无数代人艰辛地努力而形成的，是一个高度复杂的、有组织的社会，他们要成为其中的一员。在这些既无力量又无思想的婴儿降生和融入我们这个所谓的文明社会中时，他们应当拥有什么权利呢？让我们看一看婴儿降生到世上后，我们所谓的社会公义是如何对待他们的吧！

虽然我们的生活已经进入了20世纪，但实际上在许多所谓的文明国家中，孤儿院和奶妈仍然是社会所承认的照顾某些孩子的选择。孤儿院是什么？它实际上就是一个关押所，一个黑暗恐怖的监牢。它就像中世纪的土牢，在那里，犯人们频繁死亡而不留任何痕迹。犯人从未体验过他人给予的爱，他们死后连姓名也会被删掉，财产也会被剥夺。或许只有那些年长的犯人才能在记忆中珍藏母亲的印象，却没有人知道他们的姓名。一个后天的盲人还能通过追忆美丽的色彩、灿烂的阳光得到某些安慰。然而，一个生活在孤儿院的弃儿连他们都不如，更像一个天生的盲人。弃儿甚至连犯人都不如，犯人拥有的权利都比他们要多！纵然是在那最让人憎恶的暴政时代，无辜的被压迫者也会燃起正义之火。这种不断累积的不满终有一天会引发一场革命，激发人民去争取平等的权利。但又有谁愿意站出来为这些弃儿的命运大声呐喊呢？

哺乳是母亲的一项责任

现在，我们的问题是：这个社会还没有意识到儿童也是实实在在的人。母亲的部分职责已成为一种社会习俗和一种奢侈表现。在一段时期里，一个出身于中产家庭的将要出嫁的女孩，会以未婚夫承诺的未来家庭的舒适条件为荣——“我的家庭将拥有一个厨娘、一个用人和一个奶妈”。由于存在这样的需求，在农村一个刚生下孩子、身体强健的母亲会为自己拥有一对沉甸甸的乳房而得意非常：“我可以谋到一份好工作，我可以当奶妈。”直到最近，卫生学家与营养学家才开始责备那些因懒惰而拒绝给孩子哺乳的母亲。为了提倡给孩子哺乳，他们甚至将那些亲自为孩子哺乳的女王和皇后奉为榜样，让其他母亲学习。

卫生学家与营养学家之所以建议将哺乳孩子作为母亲的一项责任，是基于以下这条生理原则的：母乳喂养比其他任何方式都更能满足婴儿的营养需求。尽管专家的建议很明确，但母亲对这项职责的履行还远未普及。我们经常可以看到一位身体十分强健的母亲却任由身旁的奶妈抱着孩子。

这种由奶妈哺乳孩子的方式还会导致另一些后果。如果一个婴儿享有两位母亲的乳汁，那么必将有另一个婴儿连一位母亲的乳汁也得不到。因为母乳不是一种工业品，它源于大自然的精心调配，大自然配给每个新生命的母乳都是定量的。母乳是随着生命的孕育过程而产生的，除此之外没有其他方法可以产生母乳。

养奶牛的人对此十分清楚，他们一般会精心地喂养产奶的奶牛，而将小牛送给屠户。他们知道，每当小牛被迫与母亲分离时，它们是多么痛苦！小狗崽与小猫崽也是如此，当一只充满爱心的母狗产下许多小狗崽，而又因为无法全部喂养只得清除一些时，这位狗妈妈是多么伤心！与这些动物相比，奶妈的表现则截然不同，她们是在自愿地出售自己的母乳，由此导致另一些婴儿——她们自己的孩子喝不到母乳。

对于这种情况，我们认为，只有通过法律的形式，明确地规定一个人应享有的权利，才能保护这些婴儿。社会是建立在权利的基础之上的，一个人即使是因为饥饿而偷了一块面包，他也是一个贼，也无法逃脱法律的制裁，他的行为也会被视为非法行为。如果有人确实犯下了某种罪行，那他就应该获罪。成人每天都在对幼小的婴儿犯罪，但是在社会上，竟然没有人把他们的行为当作一种犯罪，而只是将其视为一种奢侈的表现。对一个孩子而言，有什么比能拥有母乳更为神圣呢？如果婴儿能够表达，他们完全可以用拿破仑的这句话来抗议：“这是上帝赐予我的。”他们的要求毫无疑问是合法的。这是他们降生到世上后所拥有的唯一资本。母乳也是因为他们的出生才产生的，是随他们一起来到这个世上的，是他们的全部财富——他们的生活、成长与生命的希望都蕴含在母乳之中。

出生后即被剥夺吸吮乳汁的权利，对一个婴儿的影响是终生的。一旦他长大成人后因生活所迫而不得不去从事某种艰苦的工作，他一定会觉得身体虚弱，甚至还易患佝偻病。现代医学证明，在工作中大量因伤痛和意外事故造成的永久性伤残，往往都源于那些人小时候未能享受到哺乳的权利。一定有那么一天，这些婴儿一旦成年，就站在社会道德的法庭上对自己的母亲提起控诉！

必须认识儿童应拥有的权利

也许有人会问，如果母亲是因为生病而无法给自己的孩子喂奶，那该怎么办？我们面对这种情况只能说，这位母亲和她的孩子都是不幸的。但是，我们要进一步问，为什么另一个孩子要因为这对母子的不幸而遭受痛苦呢？无论一个人是多么贫穷，我们都不应该允许他剥夺别人的财富，因为那个人也是亟待这笔财富生存的。即使在野蛮的年代，如果一个皇帝必须靠沐浴人血才能治愈自己可怕的疾病，他也不能让健康的人为自己流血。这是我们建构文明的基本条件，也是我们所生活的社会有别于“海盗窝”与“食人族”的原因。

我们的社会已认可了成人的权利，但这并不代表我们也认识到了儿童应拥有的权利。我们已认识到了正义的力量，但现在它只为那些有能力保护自己的人所有。直到现在，在卫生学和营养学的观念上，人们也许或多或少有所进步，但在审视文明——一种基于权利平等的文明时，却还存在很大的问题。

当我们认真审视儿童的道德教育时，我们的目光应更宽广一些，应仔细观察一下我们为他们准备的是一个什么样的世界。难道我们愿意他们也像我们那样毫无顾忌地、粗暴地对待弱者吗？难道我们愿意他们也像我们那样，在与他人交往时，只做个半文明人，但当遇到无知、受压迫的人时，就变成了个半野蛮人吗？

如果我们想从根本上改正自己的错误，我们就要在对孩子进行道德教育之前，效仿那些马上要走上圣坛的牧师：面对全体教徒，先低头忏悔自己的罪行。

被剥夺了公民权利的儿童，就像一只脱了臼的手臂一样。在这只脱臼的手臂复位之前，人类是无法使自己的道德得到进化的。只有当这只脱臼的手臂复位以后，这个人才不用再忍受受伤的肌肉组织所带来的疼痛与麻痹。与之相比，有关儿童的社会问题要更为繁复、深奥，它既是我们当前要解决的问题，也是我们将来会面对的问题。

◆

第10章
如何接受进入这个世界的婴儿

◆

巨人的世界

看看我们的周围，直到现在，我们才开始为接受婴儿这位尊贵的客人做些有用的准备。仔细历数，在琳琅满目、物质丰富的商品世界里，有什么东西是为孩子准备的呢？这里没有适合他们使用的水盆和沙发，也没有适合他们使用的桌子和刷子。一个家庭可能有很多个房间，但是却没有一间是根据孩子的爱好布置的。只有那些出生在比较富裕的家庭中的孩子才非常幸运地拥有自己的房间，可是这房间也会有些像是流放孩子的地方。

不妨让我们来设想一下孩子在一天的生活中所受到的痛苦。假如有一天我们成人生活在一群巨人之中。他们的腿极长，体形极大，而且运动的能力不知道强过我们多少倍，头脑也要聪敏很多。我们想迈进巨人们的房间，但是房子的每道门槛都比我们的膝关节还要高。我们要爬上去，也必须得到主人的帮助才可以做到。我们想要坐下，但是那椅子居然跟我们的肩膀一样高，要坐到上面去就一定要先经过艰难的攀爬过程。我们想刷洗脏衣服，可是所有的刷子都是超大的，我们既握不住它，也拿不起它。我们想把指甲清理一下，可是别人递给我们的刷子像刷衣服的刷子一样大。我们想舒舒服服地洗个澡，可是洗澡盆却非常笨重，让我们不可能端起它。而这些巨人如果还笑着对我们说一直盼着我们到来，我们就会不得不向他们抱怨：他们没有做好接待的工作，也没有准备让我们在他们中间愉快地生活。

儿童的需要

跟上面的比喻类似的是，当孩子来到这个世界的时候，他们需要各种各样的玩具，甚至包括为了那些玩具娃娃准备的东西，还需要有利于他们身心健康发展的环境，这个环境应该是丰富多彩、富有吸引力的，可他们发现这些都没有创建起来。成人只是准备好了一些小房子，包括小起居室、小厨房等，还有小衣柜，换句话说，成人只是为孩子们提供了成人使用物品的微缩品。孩子们只能用它们进行娱乐，却不能在其中生活。这是成人跟孩子开的一个大玩笑，而这正源于成人没有认为孩子是活生生的人。孩子到了这个世界才发现，自己只不过是被社会愚弄的对象。

我们都知道，儿童经常会损坏手里的玩具，那些为他们特别制作的玩具，他们有时候也不珍惜。依照我们的看法，儿童的这种破坏行为正可以证明他们的智力发展。儿童会破坏玩具，是因为他们想了解“这东西是如何做成的”，可以说，他其实是在玩具中寻找自己心中有趣的东西。因为他们从玩具的外观上没有发现感兴趣的东西，所以有时候会用力地把这些东西打碎，从而探究隐藏其中的奥秘。儿童会自然地借助周围的环境和各种各样的辅助物品。他们愿意使用自己的脸盆，自己穿衣服，自己动手扫地，给别人梳头发；他们愿意有能够跟他们相配的桌椅、沙发、衣夹和食品柜。他们希望凭借自己的双手达到某种智力水平，而且让自己舒适安逸地生活。他们不只是在行为方式上像成人一样，还要努力地把自己塑造成人。这是儿童的一种天性，也是儿童的一种使命。

化茧成蝶

在“儿童之家”，我们曾经看到过这样的儿童，他一直表现得非常快乐、做事很耐心、沉着而且十分细致，就像我们所见过的最好的工人那样，或者是最称职的管理者。房间的环境对他的行为来说非常便利，挂衣物的衣钩就在墙上很矮的地方，一伸手就可以够得着。当他轻轻地打开一扇门的时候，门的扶手大小合适，能被他用手握住；房间里的椅子，重量正好与他的臂力相适合，让他不会感到太沉。在进行这些活动的时候，他的动作轻松、自在、优美，使人感到那完全是一种享受。我们由此提出了一条非常简明的建议：为儿童创造一个与他相适合的环境，其中每样东西的大小都跟儿童的能力相匹配。让儿童在这样的环境中生活，对儿童发展他的内在能力很有帮助。我们会为他们在这种环境里表现出来的积极态度而惊叹。他们不只是会在这里非常愉快地进行练习，而且内在的精神还将充满活力。观察中我们发现，在和谐的环境中，幼儿就像一颗植根于土壤中的种子一样，他会通过长时间的、反复的练习来生长、发育，这是他们唯一的方式。

当然，虽然幼儿在活动中会表现出专心的神态，可是因为他的整个机体组织尚未发育到成熟的水平，他们的动作就会比较慢，就像他们的腿还很短，所以行走的速度就比较慢一样。我们凭借直觉就可以发现，他们的生命正逐步地从内部开始得以发展和完善，仿佛是蝶蛹在茧中一天天地长大，最后变成蝴蝶一样。如果人们阻碍这个过程的进行，就无异于用暴力去摧残生命。

巨人的奴隶

在现实生活中，我们是如何对待儿童的呢？我们可能无所顾忌地随意阻止儿童的活动，就好像是主人对待没有人权的奴隶一样，而且在这样做的时候，我们竟然没有一丝内疚的感觉。在很多人的眼中，尊重儿童是非常可笑的。对于下面的情形，成人可能已经习以为常了：一个儿童正在做自己的事情，比如吃饭，而家人就会去喂他；当儿童正努力地扣外衣扣子的时候，又有成人赶快去帮他扣好。总而言之，儿童的每个行为都会有人代替他去做。其实这样做真是对孩子一点儿都不尊重。而相反，当儿童妨碍我们的时候，我们就会非常严厉地阻止他们。我们在进行自己工作的时候，往往对我们权限之内的事特别敏感，当有人想要取代我们，我们就会马上感到被人冒犯。

想一想，如果有一天，我们成为那些无法进行沟通且强壮无比的巨人的奴隶，我们还可以做些什么呢？当我们正要不慌不忙地去品尝美味的汤时，巨人突然出现，从我们手中把汤匙拿走，还强迫我们用最快的速度把汤喝完。他的举动可能要让我们噎住了。我们也会表示抗议："为了仁慈，请您慢一点儿吧！"可是，我们的消化功能必然会因为由此产生的心理压力而受到损害。再比如，因为有一场令人快乐的约会，我们正在房间里愉快地穿外套，巨人突然进来，把一件衣服扔给我们，强行要求我们穿上。他的举动会使我们觉得自己的尊严受到了极大的伤害，当我们穿上外套去散步的时候，已经没有一丝愉悦的心情了。

我们的身体所需要的不光是喝下去的有营养的汤、有利于健康的步行训练，还有可以自主地做这些事情的自由。我们由于上述问题而感到不快和难受，不是完全因为对巨人的憎恶，更是发自我们的一种天性，源于我们在生活的各个方面对自由这项权利的认识。是对自由的热爱使我们的生活获得了一种滋润，也正是它给我们带来了幸福和健康。自由的作用不只体现于人生这样的大事上，在那些细微的行为举止中，它也会有所体现。就像一位哲人说过的："人不能只依靠面包活着。"对于年幼的儿童来说，他们应该享有更多的文化和精神上的自由，因为同其他年龄段的人相比，他们正在进行着更为重要的创造性活动。

成人的干预和入侵

当成人干预和入侵儿童生活领地的时候，儿童会斗争和反抗。当孩子对自己的感觉进行锻炼的时候，身边的人往往会马上制止他们："不要摸！"当他们尝试着从厨房拿些碎菜叶之类的原料来做盘小菜时，他们可能还会受到大人的呵斥，而且被无情地送回到房间里去玩玩具。当儿童集中注意力的时候，就是他们的内在精神活动得以发展和组织的过程；当儿童自发进行努力的时候，就是他们在搜索周围那些维持他们智力的事物的过程，这是非常神奇的时刻！可是，就是在这样非凡的时刻，他们的行为却常常被大人粗暴地打断！类似的，我们成年人常常会感到，在我们的人生旅程中，有一些珍贵的东西会消失，我们可能有一种被欺骗和蔑视的感觉，其中的原因可能就是，在进行自我建构的这个关键时期，如果我们的行为被打断，我们的身心受到伤害，这些都将造成我们的心理不健康、脆弱，以至于产生某种缺陷。

我们可以再找些成人的情形作为例子来说明这些行为的后果。在我们的世界里，尽管有些成人没有其他人成熟和稳重，可是他们具有某方面的天赋。比如，一个充满灵性的作家，他能够通过自己创作的振奋人心的作品激励和帮助别人；一个数学家可以通过他发现的某种解决重大问题的方法为人类做出贡献。这一切的前提是他们的灵感不能被打断。例如，一个艺术家正在头脑中勾勒一种绝妙形象的时候，他可能迫不及待地想把它呈现在画布上，以免灵感转瞬即逝。我们可以想象一下，如果在这一个关键的时刻，一个人粗暴地打扰了他，向这位艺术家大喊大叫，要求他马上跟自己下棋，我们的天才只能对此表示愤慨："你的行为真是残暴至极！我的灵感都因为你的愚蠢而失去了，人类可能要丧失一首诗、一幅艺术杰作或者一项有价值的发现。"

相比之下，虽然儿童没有因为这样的情况而失去某种艺术杰作，可是他们却失去了自我。其实，他们的杰作就是塑造出一个新人，就是在内心深处打造出一个有创造力的天才。幼儿的任性、顽皮、幼稚，可能就是他们由于灵魂受到了误解而发出的哭喊。

对于儿童来说，在这种情况下，他受损的可能不只是灵魂，还有他的身体。人的特点就是，如果他的精神受到损害，他的整个物质方面的存在也将受到一定的影响。

有一家收养弃儿的慈善机构，里面有一个长得很丑的小孩，而他很幸运，看护他的妇女特别喜欢他。有一天，这位看护人告诉孩子的资助人，那孩子越长越好看了。听到这个消息，资助人就去看望孩子，可是她发现孩子仍然特别难看。而她也从中领悟到了一点，可能是由于每天的相处让一个人对另一个人的缺点产生了习惯的心理。过了一段时间，看护人又像之前一样向那位夫人报告，夫人再次和善地对这个机构进行了访问。这一回，那个看护孩子的年轻妇女充满热情地谈论着她的孩子，这给夫人留下了深刻的印象，并且让她意识到，爱会让人盲目，而她自己也为此深受感动。几个月的时间过去了，最后，那位看护人带着胜利的心情喜悦地宣布，那个孩子从此不再有什么缺点了，他变得“美丽”了。夫人对此感到震惊，而她也不得不承认，这种改变是真的。在伟大的爱的影响下，孩子的身体改变了。

儿童需要灵魂的快乐

我们常常用一种想法来欺骗自己：我们正在给予儿童各种各样的东西，包括新鲜的空气和食物。实际上，我们什么也没有给他们，因为对于一个人来说，丰衣足食和新鲜的空气是不够的，还有更高层次的因素制约着所有的生理机能。儿童身体的存在也需要以快乐的灵魂为依托，这也是所有生命存在的唯一关键。

生理学告诉我们，在室外吃一顿便宜的饭，比在空气污浊的屋子里进行一次豪华的宴会更有益。在露天环境下，人身体的所有功能都会更加活跃，对营养的吸收也更加完全。同样，跟富有同情心的人一同用餐要比跟粗俗、令人厌恶的部长一同参加一个喜怒无常的贵族举行的盛宴更有益。在这样的情况下，对自由的渴望说明了一切。虽然有时候我们吃的是精美的饭菜，住在金碧辉煌的大厦里，可是我们的生命却受到某种压抑，所以这样的地方不利于我们的健康。

◆

第 11 章 爱的导师

◆

关注敏感的孩子

对于大人的一举一动，孩子都会非常注意和敏感，他们也很想遵从大人的指示。大人绝对想象不到，孩子已经做好永远服从我们的准备，而且他们的这种意志特别坚定，这正是孩子的特点之一。举个例子：

有一个小孩把拖鞋放在床上，他的妈妈生气地对他说："不可以这样做，拖鞋非常脏！"然后生气地用手把床单上的灰尘拍掉。从那以后，不管什么时候看到拖鞋，这个孩子都会对着拖鞋说"好脏"，然后还要跑到床上去拍灰尘。

我们应该怎样做呢？孩子是那么敏感，又那么容易受到我们的影响，可以说，我们做的每件事、说的每句话，都会印刻在孩子的脑海中，所以大人必须注意自己的言行举止。对于这一阶段的孩子来说，服从就是他的生活，所以孩子是完全服从的。孩子会觉得大人对他们说的话能够引导他们去生活，他们既爱成人，又崇拜成人。我们要意识到，孩子行为上的每一个稍许的偏差，都极有可能是他们情绪的反应，都值得我们给予重视。

孩子对我们的爱

要记住，孩子随时都会对我们付出爱，并且听我们的话。孩子爱大人，所以我们应该了解他们。可是，我们往往只会强调，爸爸妈妈和老师有多么爱孩子，还有人主张应该教导孩子怎样去爱他们的爸爸、妈妈和老师，甚至去爱每一件事、每一个人。那么，谁能担当教孩子“爱”的重任呢？是那些总是把孩子的活泼好动当作不乖行为的人吗？还是那些只知道惩罚孩子的人？以井底之蛙的眼界去看待外面广阔的世界，不经过自己的不懈努力，这样是不可能成为孩子爱的导师的。

的确，孩子深深地爱着自己身边的大人。你有没有注意到，当孩子睡觉时，他一定要自己喜欢的人陪在身边。而孩子所爱的那个人却会认为：“我们应当制止这种无理取闹的行为。如果孩子睡觉的时候，我们还陪伴在他的左右，那一定会宠坏孩子的。”还有，吃饭的时候也有类似的情况。有些大人觉得，如果孩子想跟我们一同坐在餐桌前吃饭，我们不允许，他就开始哭闹的话，我们最好假装自己还没到吃饭的时间。其实，虽然太小的孩子还不能吃大人吃的食物，可是孩子却希望大人吃饭的时候自己也能在场。只要孩子被带到餐桌前，他就不会再哭了。当然，如果坐在餐桌前他们还哭的话，那就可能是因为没有人理他，要知道，孩子会非常想成为团体中的一分子。

还有谁会像孩子一样，在我们吃饭的时候还那么想跟我们在一起呢？直到将来有一天，我们或许要叹息：“现在可没有孩子哭着要大人陪伴自己睡觉了，每个人在睡觉前都只是想着自己，只记得这一天发生了什么事情，可就是没有人想到我。”那将是多么悲哀的事情啊！只有孩子才会在每天晚上都记得说：“不要走，陪着我吧！”我们千万不要失去了人生中这个去而不返的机会。

有时候，孩子睡醒了，就会把仍然很想睡觉的爸爸妈妈叫醒，这让家长满是抱怨。其实，每个人都应该像这些纯真孩子一样做做这样的事情。当太阳升起，我们就应该起床了，可爸爸妈妈却还在睡觉。孩子早上叫爸爸妈妈，就像是在说：“爸爸妈妈，该起床了，我们一定要过健康的生活。看，早晨正在向我们招手呢！”孩子并不是要当爸爸妈妈的老师，而是他们爱着自己的爸爸妈妈。早上一睡醒，孩子就忍不住要跑到他爱的人身旁。或许，孩子还走得跌跌撞撞，或许他要经过光线还很昏暗的房间，可孩子一点儿也不害怕黑黑的影子。他会打开半关的房门，来到爸爸妈妈的身边，轻轻地抚摸他们的脸颊。爸爸妈妈常常会说：“不要一大早就把我吵醒。”而孩子却会这样回答：“我没有吵你呀，我就是要亲你一下！”而爸爸妈妈还是会用别的说法来教训孩子。同样去想想，在我们的生命之中，还有谁一睁开双眼就想跟我们在一起？有谁会那么不怕麻烦，而小心翼翼地不吵醒我们，只是想看看我们、亲亲我们？这样的事情在我们的生命中又能够发生多少次呢？

而我们大人，竟然会觉得孩子如果有这样的“坏”习惯，就必须想办法让他改正。孩子对我们的爱的表现，在我们这里居然得不到认同。

清早醒来的孩子，爱的不只是美丽的晨光，还有总是睡过头或者还迷迷糊糊的爸爸妈妈。正是孩子的到来，给了我们这一天一个全新的开始。他们唤醒我们的感觉，以我们可能还不理解的方法让我们清醒过来。每天早上，孩子用这种跟我们非常不一样的方式出现在我们面前，仿佛在说：“看，你可以过另外一种很健康的生活，可以过得比现在还要好！”

本来，我们可以过得更好，只是人很容易产生惰性，而孩子能够帮助大人上进。如果大人不去努力尝试，那么他就会遭受失败，甚至慢慢变得顽固起来，最后陷入麻木不仁的状态。

◆

第12章
让儿童成为自己的主人

◆

儿童的活动曲线

我们这里所说的“人格特质”不仅是指道德方面的行为，而且是广义上强调孩子的多重性格。“人格特质”不仅包括智能与外形上的特性，而且包含了孩子把两者结合后的表现。这样的综合表现是不可能用心理学的观点进行分析的。更重要的是，我想要在这一章探讨一些还未被仔细研究或者根本没有受到重视的儿童活动。

我们可以用一个曲线图来表示孩子的活动过程。在纸上画一条水平线，用来表示孩子正处在休息的状态，水平线以上表示孩子进行的有规律的活动，水平线以下表示他们随意玩耍和没有规律的活动，而曲线与水平线之间的距离表示孩子活动的复杂程度，曲线的长度表示时间的长短。以这种方式，我们能够用图形把孩子活动的时间长度和规律程度表现出来。而孩子的活动过程，就会在图上形成一条曲线。

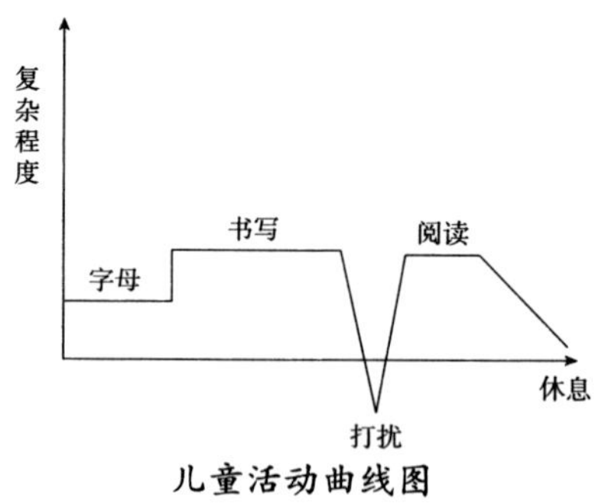

儿童活动曲线图

我还用这种方法去测量一个孩子在儿童之家所进行的活动。当孩子进入教室后，往往要先安静一会儿，然后才开始找事情做，所以曲线是先向上画到表示有规律的活动部分。等到孩子玩累了，活动就开始变得有些混乱。这时候，曲线会画到水平线以下，一直下降到他的活动没有规律的部分。接着，孩子会更换一项新的活动。例如，如果孩子接下来先玩带插座的圆柱体，然后拿起蜡笔，用心地画了一段时间，过了一会儿他又去逗弄坐在他旁边的孩子，这时候的曲线就要再一次画到水平线下方。紧接着，孩子跟伙伴斗嘴，相应的曲线要继续停在活动没有规律的部分。再到后来，孩子感觉累了，他随手拿起几个铃铛放到秤上，觉得这个挺有意思，就慢慢专心地玩了起来，孩子的活动曲线再次向上攀升到有规律活动的区域。直到孩子不想再玩了，但又不知道接下来该做什么的时候，他就会烦躁地走到老师的身边。

孩子的活动曲线当然不能显示出孩子是怎样玩每种东西的，我会在其他地方对这个问题展开讨论。无法专心的孩子，大都与上述活动曲线的描述相吻合。这些孩子常常不能把注意力集中在一件事情上，他们往往是漫无目的地从一项活动转移到另一项活动，原本计划在半年时间里用到的教具，他们可能在几小时内就玩遍了。孩子这种没有章法的行为，是非常平常的。

过了一段时间，可能是几天、几个星期或者几个月，我们重新为这个孩子做了一张活动曲线图。我们发现，他已经有了专注的能力。

很明显，我们可以从活动曲线图上看出孩子的活动状况。他虽然没有十分严重的脱离秩序现象，但离完全有规律的目标还有一定的距离。换句话说，孩子的活动曲线大概维持在有规律与没有规律的活动范围之间。这种孩子进入学校后，倾向于找比较容易的事情来做。例如，他可能会从教具里找出一些他早就熟悉的东西，反复练习那些他已学会的。过了一段时间之后，孩子看上去有些疲惫，表现出不知道该做什么好的样子，他的活动曲线下滑到表示休息状态的水平线。以上的活动模式，不仅在一个孩子的身上表现出来，甚至全班的孩子都是这样的。

让孩子接触重大工作

针对这样的情况，一个缺乏实践经验的老师该怎样处理呢？或许这位教学经验不足的老师会这么想：孩子们已经进行了一段时间的日常生活练习，又花了很多时间去进行教具练习，他们一定累了。如果是因为累了孩子才没有办法专心，那么错就不在老师身上。

一个容易心软又对现在盛行的心理学理论稍有了解的老师，就会理所当然地认为，孩子做了那么多事情，一定很累。于是，这个老师就会打断孩子的活动，他一般会带孩子到操场上去玩，让孩子透透气。等孩子没命似的在操场上奔跑了一阵子之后，老师才把孩子带回教室，这时候孩子会比没到操场玩之前更加好动，更无法专心。孩子会从一项活动转移到另一项活动，这种“假累”的现象将一直持续下去。

也就是说，很多老师往往做出错误的结论，以为孩子会对自己所选择的工作感到满意，这是不正确的。很明显，孩子的选择随兴而至，玩了一会儿，他就会开始烦躁。老师对此常常感到无可奈何，他们实在已经用尽了各种方法——让孩子休息一下、换个地方去玩——可是都没有作用，孩子不仅不能继续做原来的事情，也没有平静下来。

尽管这些老师十分用功地钻研着教学的方法，但他们缺乏对孩子应有的信心，所以这些老师无法尊重孩子的自主权。当然，他们是尽了全力的，对每一项教学建议和教学计划都十分留意。只是这些老师惯于干预和指导，结果反而打乱了孩子的自然发展，影响了孩子本来能从活动中得到的启迪。

如果老师能做到尊重孩子的自由，对孩子充满信心；如果老师可以把他学到的暂时放到一边；如果老师能够谦虚一些，不把自己的指导看成必要的；如果老师懂得要耐心地等待，他就一定能看到孩子身上的全新转变。只有等到孩子找到了自己心智深处还没有被发现的潜能时，他焦躁不安的心情才能够平息。

可是，如果孩子重新选择了一项比之前的活动更加容易的活动，他们不安的心情就不会平静。因此，这项新的活动一定要能够吸引孩子的全部注意力，孩子一定要专心地把自己全部投入到这项活动中，同时，孩子还必须不受周围事物的影响。

孩子完成了重要活动后，他的脸上会表现出一种和假累完全不同的表情。孩子之前的表现是看起来很累，现在他看起来很平静，而且他的眼睛闪闪发亮。孩子仿佛有了新的动力，并且充满了朝气。我们把这个过程叫作工作的循环，这包括两个部分：第一部分是单纯的准备工作，它引导孩子去接触工作；第二部分是带领孩子进入真正的重大工作。

完成了工作之后，孩子会显得很平静。实际上，只有在这个时候，孩子才表现出真正的平静。孩子那种安静祥和的样子，让我们明显地感觉到他已经找到了新的真理。这时候，孩子一点儿也不会疲累，反而充满活力。孩子的状态就像我们刚刚享用了一道美食，或者刚刚洗了个舒服的澡一样。我们都有这种体验，吃饭和洗澡绝对是两种花力气的工作，但它们不仅不会让人感到累，反而会使我们重新充满活力。正因为孩子能从工作中得到平静休息，所以我们必须尽力使孩子有机会去接触重大工作。

在工作中获得精神力量的平静

在这里，让我们来思考一下“休息”的真正含义。对我们来说，休息并不代表完全懈怠不动。当我们静止不动时，我们全身的肌肉都比较容易僵硬，只有在我们放松的时候，我们的身体才能够得到休息，我们才能够从智力劳动中获得精神力量的平静。

生命是非常神奇的。如果一位老师说：“我给孩子这样或者那样的事情去做，他才会有精力。”他的这种做法应该得到大家的尊敬，因为这确实是了解孩子的唯一方法。我们只有去聆听孩子生命的声音，才能帮助孩子选择他真正需要的工作。所以，这位老师尊重孩子神奇的生命过程，也表明了他有信心等待，这就足够了。在没有压力的学习环境中，孩子显得快乐而友善，他们甚至可以信心十足地和老师聊天，因为孩子看出了老师的聪明和优秀。孩子仿佛打开了心灵之窗，从前没有注意到的周围的一切，现在仿佛都在向他们招手。毋庸置疑，孩子现在的感觉变得敏锐了，生活也丰富了，他们对团体活动更感兴趣了。面对这么多生活中的新发现，孩子一定要储存充沛的精力。一个精神不振、感情贫乏的孩子，是不会对老师的教学有什么反应的。这样的孩子不仅没有自信，而且不守规矩。就算真的能教会他什么，也会让教的人精疲力竭。

根据上面所说的教学理念，我们必须承认一个事实，那就是我们以前对待孩子的方式确实太糟糕了。让孩子信服或者服从某个人，这并非孩子的内在发展所需要的外在表现，可是我们却一再要求孩子遵从这些外在的行为要求，不给孩子机会让他成为自己的主人，并且发展他的内在潜能。我们真正要做的应该是，引导孩子找到通往他内心世界的路，而不是一再让孩子的发展受挫。

孩子越专心，就越能从工作中获得平静，越能发自内心地去守纪律。在教学方式上达到这种水平的老师，都会有一套特别的沟通方式。比如，一位老师可能会问另一位老师：“你班上的孩子表现怎么样？孩子都组织得有秩序吗？”老师可能会回答：“嘿！你记不记得以前那个很不懂得遵守秩序的小男孩？他现在变得特别自律了。”以这种方式进行沟通的老师，往往是对孩子接下来的发展已经心中有数，也就能自然而然地对孩子展开教育。

一件很简单的事就可以让孩子变得遵守纪律，一个能够自律的孩子就这样踏上了自然的心理发展之路。自律的孩子会习惯于工作，如果没有事情做就不知如何是好，他们甚至在等人的时候也闲不下来，整个人充满了活力。

当孩子越来越能够自律地工作，他“假累”的时间就会越来越短，完成工作后平静下来的时间就会增加，就会有较多的时间沉浸在他刚刚结束的工作里。这个平静时刻有着特别的意义，工作似乎告一段落，但另一项观察外在世界的工作才刚刚在孩子的头脑中展开。孩子的内心平静下来，注意观察他身边正在进行的事情，在头脑中思考着一些细节，并从中得到一些新的发现。

要做到专心，需要经历3个不同的步骤：准备期，目的明确地工作和内在发展得到满足、疑惑得到解答。孩子能够顿悟他从未发现的事情，当孩子的内在疑惑有了答案的时候，他的外在表现会相应地改变。他会变得非常听话，并且表现出来的耐心几乎令人无法相信。更让人惊讶的是，之前并没有人真的教孩子要听话或者要有耐心。

在平衡与协调中健全地发展

如果一个孩子的平衡感不好，他可能会因为害怕跌倒而不太敢走路，也会不太敢随意挥动他的手臂。这样的孩子走起路来常常是“一步一个脚印”。可是，一旦他学会了怎样保持平衡，这个孩子就不仅能跑会跳，还可以左右转弯。同理，孩子的心理发展也是这样的。如果孩子的精神不平衡，他是没有办法专心思考的，那么他也就不能掌控自己的行为。这样的孩子怎么会不经历“跌倒”的危险而去顺从别人的指示呢？如果孩子不能够按照自己的意愿行事，他怎么能听从别人的指示呢？服从是一种精神上的敏感性，是心灵平静的结果，是力量的表现。用来解释服从力量的最好代名词是“适应”。生物学家认为，一个人需要有极大的力量才能适应环境。适应环境的力量是指什么呢？是一种让人顺应自然的法则，是学习怎样融入周围环境的重要力量。事实上，在这种适应力量产生作用之前，它早就已经存在了，因为这力量不是你需要用的时候就会有的，它需要我们事先就做好准备。我想，园艺家最了解拔苗助长的后果。

孩子应该得到健全的发展，应该达到精神上的平衡与协调，这样他才有能力去服从别人。在自然界中，只有强者才能够适应环境；同样，只有精神上的坚强者，才懂得去顺应服从。

我们应该尽可能地根据孩子的天性来让他发展，这样孩子才能茁壮地成长。而一个健康成长的孩子，日后的成就将比我们期待的还要大。孩子的精神（专注力）能够平和、自由地发展到何种程度，也就代表他自身发展到了什么样的程度。接下来的所有行为也就成了理所当然的了——孩子会控制自己的身体，自如地行动，也变得小心谨慎了。从孩子能够完全安静下来这一点，我们可以看出，他已经可以做到专心了。孩子的专心程度常常会比成人还强，不过我们一定不要忘了孩子怎样才能达到这种程度，也不要忘记环境在孩子发展的过程中所扮演的角色。

我要再度提醒读者，我没有从一开始就制定好一套原则，然后按照这套理论来拟定教学方法。事实恰好相反，我是通过观察自主权受到尊重的孩子才了解到一些内在的法则实际上具有普遍的价值。这些孩子正是凭借他们的本能直觉，找到了通向力量的路。

◆

第 13 章

新时代的老师

◆

教具的使用

利用各种不同的感官教具，去唤醒孩子的安全感，这是蒙台梭利教育体系的基本方针。而这些教具并没有绝对的价值，老师用什么样的方式把这些教具呈现给孩子，决定了它们效用的多寡。所以，老师一定要懂得选择最有成效的方法，引导孩子对这些教具产生兴趣，并使用它们。下面，我们就探讨一下在课程或教学中，怎样把教具呈现在孩子面前以及怎样引导孩子去使用这些教具的特殊技巧。

大多数研习过蒙台梭利教学法的人，对每一种教学方法都会很有兴趣。大家发现，如果把蒙台梭利的教学课程与一般传统的教学课程进行比较，将形成十分有趣的对照。

蒙台梭利教学法中，由孩子主导活动的主要部分。当孩子达到了一定的年龄，可以做出具有行为意义的举动时，他们就可以主动地反复进行一些身体动作的练习。这些练习涉及推理的过程，孩子由此继续进行自我教育。在这样的原则下，儿童所完成的是完全独立、自发的学习，老师始终不会介入其中。老师的工作只是提供教材用具，最多就是示范一下教具的使用方法，然后就由孩子自己来展开接下来的学习之路。蒙台梭利的教学宗旨就在于引领和开发孩子的精神力量，而不是一味地将知识灌输给孩子。

老师的示范

许多老师都问我，只是用温和、鼓励的方式将教具呈现给孩子，这样就足够了吗？我的回答是：当然是不够的。在儿童自我学习的过程中，教具的操作方法是最重要的一个环节，老师需要反复地进行示范，因为孩子不太在意自己身边的一些东西，即使注意到了，大概也猜不出这些东西的用法。我们以西式餐具为例，西方人都懂得在餐桌上怎样使用刀叉，可是如果换成一个不知道如何使用刀叉的东方人，这或许会让他觉得很有趣，他可能还会拿起刀叉来舞弄一番，因为他从来没有见过别人使用刀叉吃饭。

因此，在教学中，老师需要不停地进行示范。比如，根据体积大小把方形积木堆高；用积木搭出高塔，然后再把高塔拆除；将一些不同的圆柱体从它们的嵌孔中取出来混在一起，然后让孩子根据他们的形状、大小把它们放回去，或者把嵌孔和圆柱体分别放在两处，让孩子通过视觉判断嵌孔的大小，再凭借记忆把圆柱体一一放入嵌孔中。

这种教学看起来或许很奇怪，因为在一般人的观念中，上课就是老师讲、学生听。其实，像这样不用言语的引导式教学才是真正的“学习课程”，它让孩子亲眼看到该怎样坐才对，怎样站才正确，怎样拿盘子才不会把上面的水杯打翻，以及怎样才能做出灵活稳健的动作。

此外，即使是静默，也是一种教学。通过这样的练习，我们可以教导孩子安静地坐好，并且让他们习惯在有人轻声地叫他们之前，保持安稳的坐姿。我们引导孩子把注意力集中在他们自己的身体上，并鼓励孩子学习控制身体的动作。老师不必用语言鼓励静默，而是用沉静的神态对孩子的表现给予肯定。可以说，“静默游戏”是蒙台梭利教学法的代表。我们把这种方法运用于每一项教学，即便对那些人们认为不说话就无法弄懂的事也是如此。

环境对儿童的引导

在蒙台梭利学校里，教育和引导儿童的是环境本身，老师的作用仅仅是使孩子同环境进行直接的互动，为孩子示范如何使用其中的各种教具。这种学习方法，如果运用于其他教学法，是根本不可能成功的。我们只会听见老师不停地大声喊叫“安静”“不要动来动去”，难道这些就是所说的教学用语吗？！我们无法相信这种命令式的教学可以收到成效。

教育应当探求合适的方法，在不知不觉当中，引导孩子自然地进行学习活动。蒙台梭利教学法的成功，就在于它能够让孩子自觉自发地从事学习，并因认真勤奋地学习新技能的态度而得到肯定。而且，服从命令应当以完备的人格作为前提。也就是说，孩子应当具有我们期望他们所具备的反应能力，因为这些活动必须依靠孩子自身的练习才能做到，而不是靠我们的命令就能够奏效。我们经常听见教钢琴的老师对学生说：“手指的姿势要摆好！”可他们却没有教学生手指该如何摆才算好。因此，学生还是摆不好手指的姿势，钢琴老师再次重复之前的话，而学生的手指姿势照样摆不好。

在命令孩子去做一件事之前，我们应当想到一个重要的前提：孩子的心智需要发展、成熟到一定的程度，才有可能听懂大人的指示，完成大人要他做的事情。孩子自己会依令行事，而且会小心翼翼地去做。从教学的角度来讲，所有的口语指导应当出现在教学的后半部分，因为要在孩子的内部秩序达到一定程度之前引导他，那是不可能的。当然，我们也不能不教孩子语言，但是一定要考虑到孩子的词汇量和他使用词汇的方法。

缺乏一定教学经验的老师，往往会把教育职责的重点放在“教”上。他们认为只要自己采用有意义的方法，示范这些教具的使用方法，老师该做的工作就已经完成了。其实，这种想法是不对的，一个老师的职责比这要重要得多。因为老师有引导孩子精神发展的责任，所以在观察孩子的时候，他们不能只是局限于了解孩子。老师的观察最终应该帮助孩子呈现出他们的能力，事实上，这也是观察的唯一目的。

蒙台梭利的教学原则

做新时代的老师，这并非一件容易的事。在这里，我只能尽力提供每一项可能会对老师有所助益的教学原则。

首先，一位新时代的老师应该知道如何确定孩子的注意力集中在哪儿。当孩子把注意力集中在工作上的时候，老师应该尊重孩子，一定不要在旁边纠正或者突然赞美他，这样反而会打扰到孩子。

少数老师对这条原则一知半解，他们的做法是，把教具发给孩子，然后就默默地退到旁边，不再管发生了什么事。这样只会造成一种局面：整个教室将闹翻天。我们所说的不打扰孩子的学习、尊重孩子的活动，一定要建立在孩子本质上的发展臻于成熟的基础之上。换句话说，直到孩子具有了充分的自我专注能力，当他对某件事表现出兴趣的时候（只有好奇心还不够），他就能够自己专心地投入其中了。如果孩子只是盲目地发泄他的精力，老师还置之不理，这种尊重与我们所说的就相差太多了。

有一回，我亲眼看到了一整班的孩子以完全错误的方法使用教具，教室里毫无秩序，可老师一句话也不说，就像一座埃及的狮身人面像一样沉默着，只是在教室里走来走去。我对这位老师说，干脆让孩子到教室外面去玩，或许会比在教室里好一些。

当我经过一个孩子身边的时候，他正趴在另一个孩子的耳朵旁边说悄悄话。我问他："你在干什么？"他说："我小声地说话，才不会打扰他呀！"

这位老师犯了一个很严重的错误：他不敢干预孩子的失控，而且不尝试去建立一种秩序，以便使孩子的工作能够顺利进行。

有一次，一位老师向我讲述他的观察，他问我："你要求我们以尊重科学家或艺术家的那种心态，去尊重孩子所专注的学习操作。可是，为什么你又说当孩子把教具当作玩具玩，而不是在进行操作的时候，我们就应当介入其中？"

"我是这样说过，"我回答，"我尊重孩子的智能活动所达到的程度，就如同尊重艺术家那些奇思妙想的灵感一样，甚至可以说有过之而无不及。当我进入一位艺术家的工作室，却看见他在抽烟、玩牌，我就不仅不怕打扰他，而且还会对他说'喂，我的朋友，你在忙些什么事情啊'，因为他正在做的事不需要费太多神。"

蒙台梭利教学法里所说的尊重，并不是说对孩子的缺失或者肤浅的表面现象也要全部包容。尊重在本质上应当有下面几项基本原则：能够观察发现孩子的不同体能状况；鼓励孩子发展对自己身心健康有益的行为，打消其他不好的念头，因为它们既无建设性，对孩子的发展也没有什么贡献，只会让孩子的精力用错地方，伤害孩子的发展。不只是老师必须牢记这些原则，做母亲的也需要谨记在心。

老师当然可以不厌其烦地提醒孩子，也可以严声厉气地指出孩子错误的行为。可是，真正理解教学之道的老师，懂得用比强迫压制更有效的办法来引导孩子走入正轨。毋庸置疑，这需要随时的观察和持续地付出努力。老师应当时刻注意孩子的状况，谨慎地安排学习环境。比起命令和告诫，以上的方法要简单得多！不过方法虽然简单，这却不是一件容易的工作，还需要有无尽的爱心和洞察力才行。

老师一定要像家庭主妇把家里收拾得温馨美丽那样，去打造孩子的学习环境。当然，仅仅是这样还不够，老师还要了解孩子的一举一动，更要担负起教育孩子的责任。要想对自己的工作拥有清晰的概念，老师一定要多用心，多去观察孩子。一个孩子是否能够踏上正轨、是否能够取得进展和成就，往往依赖于老师细致观察的能力。只有真正去行动，才会取得令人满意的成果。

有这样一个例子，它说明了一个看起来并不起眼的错误，有可能会造成无法想象的后果。假如在一所装修好的屋子里，房主用洗脸盆来装煤炭，当然就不能再用洗脸盆来进行梳洗，他们的房子和家具也会变得无比脏乱。这只是由于房主不知道有效地利用卫生设施，不过是一个小错误，结果却造成了不得不生活在脏乱不堪的环境中的结果。

一个老师能否谨慎地运用蒙台梭利教学法的原则，决定了他能否具备应有的能力。假如一位老师对蒙台梭利的教学观点是认同的，他就会从中找到一些克服教学困难的要领，也会由此获得较好的教学效果。

即使人们懂得了克服小过失、小困难，也不一定就会达到完美的境界，可是那种知道自己拥有克服缺失的能力，和那些度过困境后获得的精神感受，却具有令人振奋和备受鼓舞的效果，人们也会由此获得一种力量。正是因为有了这种力量，人们会觉得生活中的很多小困难是那么微不足道，这也是寻求完美的唯一方法，即便是对道德完美的追寻也应该如此。

我们应该帮助孩子克服各种缺点，可是又不能让他感觉到自己的弱势。

◆

第 14 章
成人和儿童

◆

教育中的问题

如今，教育不仅被看作一种技艺，而且被视为社会科学领域最重要的研究之一。人类的进步和发展，除了要依靠那些改善外在环境的科学以外，最有效的，还是依靠直接针对发展中的人——儿童的科学。不仅仅是科学家和教育学者对跟教育相关的研究发现具有浓厚的兴趣，孩子的父母和社会大众也同样表现出一定的关切。

正如大家知道的，现代教育理念有两条主要的原则：第一条原则是要了解、培养孩子的个体特质，了解每个孩子自身的本性，并且根据他特有的人格特质来对他进行引导；第二条原则是解放孩子。

尽管教育科学已经解决了教育上的许多难题，但要实现现代教育的宗旨，还是有很多难以克服的障碍。在教育研究中，“问题”这两个字，往往被用来当作研究的主题，比如人们常常提到“学校问题”“解放问题”“兴趣和能力问题”等。但是，在其他科学研究方面却不是这样的，而是会用“原理”两个字，如“光辐射原理”“地心引力原理”等。一般情况下，科学研究的问题大都产生于不明确的、外围的部分，科学的核心则包括问题的发现和解决。所以，对于具有实验性质的现代教育而言，不去正视那些重要的问题，就无异于背离科学的真谛。即使有人说：“我已经把所有的教育问题都解决了，我在人类精神方面有许多新的发现，对于我来说，教育是单纯的、明确的。”对于这种论调，科学家是不会相信的。在人类的社会中，有一种无形的压力，迫使人们不得不去适应一些让人无法想象的事情，也必须去适应一些为了保持社会安定的礼教束缚，所以个人或多或少都要牺牲一些自我。我们的孩子也是这样，为了学习的义务，他们似乎必须有所牺牲，无论我们多么希望孩子可以快乐地享受学习中的乐趣，他们都必须努力去学习，不过又不能把自己搞得疲惫不堪。我们一方面希望孩子可以自由自在，另一方面又要求孩子去服从。这些理想与现实之间的矛盾冲突，在教育方面引发出许多问题，而那些所谓的教育改革尝试，最后也都变成了大人为孩子的未来命运发出的叹息。现代学校进行的教育改革，原本都是为了缓和教学沉疴所导致的伤害。比如，修改课程和教育制度，强调体能运动和休息时间的必要性等。但实际上，这些补救的改革方案，并没有真正实现使孩子自由发展的目标。

不管怎样，解决教育问题的改革方案，绝不能有丝毫的妥协和让步。我们要发起真正的改革；我们一定要为教育开辟出一条崭新的大道，因为当前的教育仍然是一条死路。

当其他科学领域的研究早已做出许多有利于人类而且令人兴奋的发明时，教育科学却还没有找到合适的方法。在教育科学的研究领域，每个探讨项目都局限于外在现象的研究。借用一个医学术语来说，就是治标不治本。

解决教育问题的根本

在医学上，引发某些不同症状的主要原因可能是相同的，如果不找到病源，而是想一项一项地分开治疗，结果可能只是徒劳。比如，心脏方面出现异常，身体所有器官功能都可能出现各种毛病，如果不想办法恢复心脏的正常功能，而只是去治疗某个器官的毛病，那么这些症状就还会出现。还有一个与精神官能有关的例子，一位心理分析师发现，患者的病是情绪、感情和思想观念之间错综复杂的相互影响，使得精神无法负担造成的，那么这位心理分析师就应该寻根溯源，找出在潜意识中的病因。一旦发现主要的病因之后，所有的问题都会迎刃而解，所有的病症也会慢慢消失或者变得无害。

我所说的教育问题，就像例子里提到的外在病症，它是由一个隐秘的主要原因引起的，这个原因跟人类的社会潜意识相关。蒙台梭利教学法始终保持在当前教育体制的“病态程序”以外，并一直沿着一条期待可以揭发教育沉疴主要原因的道路前行。在蒙台梭利的教学方法之下，病因已经得以克服，问题也随之消失。

现在，我们发现的所谓的教育问题，尤其是那些与人的个性、性格和智能发展相关的问题，其实都源于儿童与成人之间的冲突和对立。成人在儿童发展道路上所造成的障碍，不但数量极大，而且危害极强。这些对于孩子成长发展的不利影响，来源于成人在设置这些障碍时，总是以道德理义和科学理论为名，并且想要以控制孩子的意志来实现自己的意图。因此，最接近孩子的成人——母亲或者老师，在孩子人格形成的过程中，反而成了最有可能阻碍孩子人格健康发展的人。强者与弱者的对立与冲突，不只关系到教育，更反映在他们成人之后的心理状态上，这也是造成他们心神错乱、情绪不稳定以及性情异常的主要因素。问题由大人传给孩子，再从孩子传向成人，形成了一种普遍的循环。

所以，要从根本上解决教育问题，第一绝不是针对儿童，而应该针对成人教育者。教育者一定要厘清自己的观念，摒除一切偏见，最后还应当改变自身的道德态度。第二就是要为孩子准备一个有利的生活环境，一个没有障碍的学习空间。环境的设计要切合孩子的需要，让孩子逐步得到必要的解放，能够克服一切困难，并开始表现出非凡的性格。

在我们专门为孩子营造一个适宜的环境，并接触到孩子在活动过程中自然流露出来的创造力之后，我们便可以看到孩子在工作的过程中表现出了前所未有的安静与平和。一个跟孩子精神生命基本需求相适合的环境，可以让孩子自然地呈现出长时间隐藏的态度。因为过去儿童与成人一再抗争，他们只好武装自己，表现出压抑的态度。

平等地对孩子进行教育

我们发现，孩子的内心有两种不同的心理状态：一种是自然的、富有创造力的心态，表现出他们正常和善良的一面；另一种则是由于受到强者的压制而产生的自卑心态。这个发现使我们对孩子的形象有了全新的认识，就像我们幽暗的漫漫长路出现了一道光，引领着我们走上新教育的光明大道。

孩子表现出来的那种纯真、勇敢和自信，都出于道德的力量，这也体现出他们融入社会的倾向。同时，孩子的缺点，比如行为缺失、破坏力、说谎、害羞、恐惧，以及所有令人想象不到的抗争方法，都会立刻消失得无影无踪。如今，成人在用一个完全改观的态度同孩子进行沟通，所以老师也应当用一种全新的态度来面对他们。老师不能再把威严权力会集一身，而要转而用谦和的态度去帮助孩子。我们已经发现了孩子的内心有两种不同的心态，在我们讨论教育方针的时候，就应该先弄清楚讨论的基础对象。我们应当把受成人压制的孩子作为讨论对象呢，还是把在正常生活环境中自由成长、能够发挥创造潜能的孩子作为讨论对象呢？

如果把被压制的孩子作为讨论对象，那么其中许多没有办法解决的问题正是成人制造出来的。但是，如果将自由成长的孩子作为讨论对象，那么成人就扮演着一种对自己的错误充满自觉性，并能和孩子平等相待的角色。因此，成人就能轻松愉悦地与孩子相处，与孩子一同分享和平温馨而又充满爱的新世界。

教育科学也应当在与孩子平等相待的体制下施行。实际上，科学的概念就是先假设一个真理的存在，然后才能有一个向前发展的坚实基础，才能发展出一套切实的施行方法，从而降低错误的产生。孩子能引导我们求得真理，孩子希望大人可以给予他们真正有用的帮助。

的确，孩子是通过活动来在环境中获得成长，然而除了活动本身，孩子还要有一些物质上的接触、学习上的引导和必不可少的了解，孩子的这些在发展上的重要需求，都要由成人来提供。成人应当给予孩子必要的，做孩子需要的，从而协助孩子进行自己的行动。如果大人做得不充分，那么孩子或许就无法顺利地发展，而如果大人做得过多，就有可能阻碍孩子的发展，让孩子的创造力发挥不出来。这里存在着一个平衡点，我们把它叫作“介入的门槛”。当我们不断积累起引导孩子的经验，我们就能够正确地找到恰当的介入时机，那么孩子与施教者之间必要的相互了解也会越来越透彻。

孩子的活动是通过与物质的接触产生的，所以我们把一些经由科学印证而挑选出来的教具放在孩子周围的环境中，让孩子自由地玩和用。有关文化传承的问题，也因为这种做法而得到解决。这样的做法不仅减少了大人的介入和干预，而且维持了较为传统的教学形式，使孩子根据自身发展的需要，自己进行摸索学习。每一个通过活动获得自由的孩子，依据创造力方面的深切需求而发展，并且在学习的过程中进步，所以个体的发展有助于文化传承。老师仍然保持着引导者和指导者的角色，只是在必要的时候才出现，孩子的个性依据自己的法则得以展现，演练着各种行动能力。

适当的限制

从实践经验中，我们领会出很多对教学非常有助益的心得，这些经验心得对我们起草明确且科学的教育纲领有一定的帮助。这个纲领中的一部分就是：成人的干预、教具的使用和学习环境本身都应该有所限制。无论教具提供得太多还是太少，都有可能对孩子的发展产生不良的影响。教具的缺乏可能造成孩子学习的停顿，教具过多则容易使孩子犹豫不决、精力涣散。为了进一步把上述的概念厘清，我要举一个跟食物有关的例子：在饮食上缺乏营养会导致人的营养不良，而吃得太多也会给身体造成伤害，使人患各种各样的疾病。过去，人们认为吃得多对健康有好处，而现在大家都懂得了，吃得太饱并不能让人活力充沛，反而会让人感觉疲累。澄清了之前的错误观念后，医生才拟出了维持身体健康的食物摄入量标准，而营养学则寻求更加精确的计算方法。

如今，一些人相信教具是教育的关键，认为无须计划、不受限制、大量地给孩子提供教具是比较好的方法。这些理论跟以往人们认为吃得多就会使身体健康的想法很类似。它们可以作为比照，因为它们同样涉及“喂养”，一个是关于身体的，一个是关于心智的。现在，我们对教具的研究，对智能发展方式的研究，也显示出了同样的问题，即适当的限制可以激起孩子的自发性活动和他们的全面发展。

让儿童的行动和精神获得平衡

有些人觉得，只有那种有意识的心智和语言表达能力，才是可供使用的心理因素。很明显，这样的人会彻底地忽视婴幼儿。但是，即便是刚刚出生几个月的孩子，也已经能够显现出自身的独特性。那种认为婴儿只需要身体方面的照顾的观点，忽视了这个最重要的事实。当成人放下身段试着去了解孩子内心活动的时候，他就会清楚地体会到，孩子的内在世界比人们认识到的要丰富得多、成熟得多。有研究报告曾详尽地指出，即便是年龄很小的孩子，也可以跟环境相融合。孩子适应环境的能力比他的大小肌肉的发展能力还要强。

孩子有一种鲜活的精神力量，就算他的肌肉动作或者语言的能力还没有开始发展，他也需要我们的帮助和精神上的呵护。我们由此得知，孩子的天性是二元的，其一是他内在的心理发展，其二是他外在的身体成长。这同其他的动物有些不同，其他动物差不多是从出生开始，就靠着天生的直觉来指引自己的行动，而人类一定要自行建构起一套机制，从而展现他的精神，然后采取行动。这就让我们想起了人类特有的优异之处，那就是人的自我一定会使牵涉多种器官的身体动作启动，这些动作最终又体现出个体的独特之处。人一定要建构自我，拥有自我，而最终更要能够控制自我。所以，我们的孩子其实是持续发展变化着的个体，必须循序渐进地发展，在行动和精神中求得平衡。成人的行为常常是思考后产生的，而孩子则是努力在思考和行为之间取得一致。孩子发展过程中的关键就是使思想和行动臻于一致。

成人对儿童的阻碍

阻碍孩子的行动，就是在孩子人格建构的道路上设立障碍。思想的产生是独立于行动的，而行动则能够听从他人，动作并不是只对某个精神做出反应。如果孩子人格建构遇到障碍，性格就会变懦弱，内心的不协调将削弱每个行动的效用。对于人类未来的发展来说，这是亟须重视的，也是家庭教育和学校教育应该深思的首要课题。孩子的精神要比一般人所认为的更高尚，因为经常使孩子感到痛苦的不是需要去做很多事，而是不得不做一些对他来说没有意义的事情。孩子感兴趣并愿意付出心力的，是那些符合他的智力程度以及他作为一个人的尊严的事。在全世界上千所学校里，我看见了许多孩子做出人们认为他们不可能做到的事情。孩子的表现，证明了他们可以长时间地做某件事而不感到疲累，证明他们可以专心到仿佛完全与世隔绝，这些也是孩子人格发展过程中的环节。

在文化方面，孩子显现得非常早熟，才4岁半就能够学会怎样写字，而且会充满热情地享受其中的乐趣，于是我们把孩子这一时期对于画写的热衷称为“画写爆发”。

孩子小时候，在轻松、有趣的气氛下学习画和写，他们一点儿也不会觉得写字很累人，因为那是一种自发的活动。

看着这些健康、安静、天真的孩子，看着他们感情细腻、充满爱和欢乐、随时准备帮助别人的样子，我不禁要进行反思，人们过去对人类的根源施加了一些错误的做法，使得人们为此浪费了太多的精力。正是成人，让孩子变得疑惑、叛逆，什么都不会做，还剥夺了孩子旺盛的精力，压抑了孩子独特的个性。成人急切地纠正孩子的错误、弥补孩子的心理缺失、完善孩子的性格缺陷，却不知道孩子的这一切问题都是由成人造成的。作为成人，我们发现自己在一个没有出口的迷阵当中迷失了，我们身陷在没有希望的挫败中。成人发现自己为问题满布的丛林所困扰，不知道该怎么做才好，只有等到可以勇敢地面对错误并且进行改正，问题才会消失。如果错误不改正，孩子长大成人以后又会成为同样错误的受害者，错误就这样一代又一代地传承下去。

◆

第 15 章
为儿童提供美丽、适宜的环境

◆

学校应是孩子自由自在生活的地方

我认为，要实现新式教育，不仅要改变教师的职能，还必须改变学校的环境。如果只是在普通的学校里引进“新式教材”，那根本不能带来全面的革新。学校应该成为孩子自由自在生活的地方，孩子既能够在这里享受内在发育方面潜在的和精神上的自由，又可以使自身在生理、生长和机体活动上都找到“成长和发育的最好条件”。这些学校不光要引入能够提高儿童生活质量的生理卫生学，还要对儿童的服装进行普及和改革，让新式的服装不仅符合整洁、简朴又便于自由活动的要求，而且还要能让儿童学会自己穿戴。我认为，还要有一项革新，那就是普及最适于在学校实践的与营养有关的幼儿卫生学。上述的原则特别适合于那些“楼内学校”，学生的父母可以住在这里，有些像最初的“儿童之家”。

房间的特殊要求

在自由的学校里，房间也应有些特殊的要求。比如，根据心理卫生学的标准，我们大大增加了教室的面积；还以生理呼吸的需要为依据，用“求容积法”计算得出自由流通所需的空气量和相应的空间大小；增加厕所的面积，还另外配备了洗澡的房间；装上了混凝土地板和可以清洗的护壁板，同时配有中央暖气系统；提供饭食；还设有花园，有宽敞的阳台；将窗户改装得较为宽大，使光线得以进入；设有体育馆，里面有宽敞的大厅和价格昂贵、结构复杂的设备。这其中最复杂的就是课桌，我们提供的课桌，其座位和桌子都能自动地旋转，从而防止儿童因为过于频繁的相同运动或者长时间固定不动而造成畸形。总之，这样的学校正在应用心理卫生学的知识。当然，这些也需要学校付出更多的钱，但它能为儿童提供更大的自由活动的空间。不只是这样，如果要达到完美的理想境地，还应该为孩子提供一个“心理教室”，这个“心理教室”比“生理教室”要大两倍。根据我们的经验，要让人感觉舒适，就一定要让房间的地面有一半是空着的，不要摆放任何东西。这就是令孩子们愉快的、可以自由活动的空间，孩子们在这里肯定要比在一个布满家具的中等大小的房间里感觉舒服得多。

家具的问题

家具的问题也不能轻视。我们的学校使用的是一种“轻便的家具”，这种家具简单、经济。还有一点对孩子具有非比寻常的意义，就是这些家具很容易清洗。我们既可以让孩子“学会清洗”，同时又进行了一种快乐、有教育意义的练习。从本质上来说，我们提倡使用的“轻便”家具还要达到“艺术之美”的境地，也就是说，它不臃肿或者奢华，而是用浅绿色衬托出高雅、和谐，并与简单、轻便、洁净融合在一起。波利戴洛乡村的“儿童之家”，是为了纪念贡冉戛侯爵而建立的。那里所摆设的各种家具——桌子、椅子、餐具柜、陶器的形状和颜色，纺织品上的图案和其他装饰的艺术风格，都跟古老的乡村特色相一致，它们显得那么简洁、淳朴、优雅、自然、美观和大方。于是，我们突发奇想，如果能让这种乡村艺术复活，或许它会成为一种新的时尚。而进一步的推论是，我们应该根据这种风格制造出简单、典雅又得体的家具，用它来取代现在学校使用的各种结构复杂而又昂贵的家具，这不仅表现出家具的实用功能，而且体现出人类的革新精神。

沿着这个思路，如果人们发掘、整理曾经在意大利各地流传的各种乡村艺术，那些富有特色的“丰富多样的家具”将会在各地得到使用与推广。这既能大大提高我们的鉴赏力，又能帮助我们改变自身的一些不良习惯，更重要的是，这种努力还会把人类引入一种全新的“启蒙教育模式”。 艺术的人性化，会让孩子们脱离那种丑恶和黑暗的环境。很显然，当一个人进入“卫生所”，就会感觉恐怖，那里的墙没有一点儿装饰，家具也是白的，看起来就像是进入了医院。至于学校，甚至可以说它就像一座坟墓，那里的黑色课桌就像灵柩一样一行行地排列着。人们会选择黑色，只是因为学生在平时学习的时候难免会造成一些污迹，而黑色可以使污迹看起来不明显。教室里只有黑色的课桌和灰色的墙壁，那墙壁光秃秃的，简直比太平间的墙壁还简陋。人们把其他所有可能会分散学生注意力的东西都从教室里搬走，据说，这样做的目的是让孩子那饥渴的心灵“接受”老师传授给他们的不易消化的知识食粮。也就是说，他们费尽心机，就是为了让学生的注意力集中到老师的演说上。实际上，如果一个孩子真正被他自己手上的工作所吸引，那么任何装饰品都不可能会分散他的注意力。美不仅可以帮助他集中思想，而且能够让他消除疲惫，恢复精力。可以说，环境美丽的地方是最适合生活的地方。所以，如果我们希望学校能够成为“观察人类生活的实验室”，那我们就一定要把美的东西都汇集在这里。这就如同细菌学家在实验室里，为了培养杆菌就要备好炉子和土壤一样。

儿童的用具、桌子和椅子应该轻便而且易于搬动，更重要的是，它们要具有教育性。因此，我们让孩子使用瓷碗、瓷板和玻璃杯、玻璃吸管等最容易被打破的物品，一旦它们出现了破损，就像是在对孩子们粗鲁和漫不经心的行为发出警告。这样有利于借机引导儿童纠正自己的行为，训练他们行动时细心、准确，学会不碰撞、不打翻或者摔坏东西，让自己的行为变得越来越文明和富有节奏，并慢慢地像主人一样成为各种器具、用品的管理者。同时，孩子们也会养成好习惯，尽力做到不弄脏或者弄坏他们周围那些干净、漂亮和常用的东西。经过这些训练，他们能使自身更加完善，活动更加灵活、自由，做各种动作时能够保持统一和协调。同样，我们可以经常让儿童听些恬静、优雅的乐曲，在经受了这样的训练和陶冶之后，他们将会厌恶噪声和吵闹，而且也会约束自己不随意发出这样不和谐的声音，并努力避免跟别人吵闹。

相反，在一般的学校里，那种沉重、结实，甚至连搬运工人都很难搬动的课桌，就算孩子们对它撞击几百次，或者在那黑色的桌椅上千百次地洒上墨迹，把金属盘掉在地上上百次，它们都不会有丝毫破损，也看不出任何污迹！但是，这样的环境会让孩子们无法察觉自身的缺点，很容易使他们的错误隐匿起来，无形中助长了他们施展伪装的伎俩。

让儿童自由地运动

儿童是需要运动的，这已经成为人们广泛接受的健康原则。所以，当我们说起“自由儿童”的时候，一般是指他们可以自由地运动，包括可以自由地跑跳。在不断的努力下，到目前，几乎所有的母亲都接受了儿科医生提出的建议，就是让孩子到公园去，在草地上自由地玩耍，在户外自由地活动。

而说到儿童在学校里的自由时，我们常常认为儿童的自由就是他们可以跳到课桌上做各种危险的动作，或者是疯狂地撞击墙壁，或者是在宽阔的场所“自由活动”。由此推论，如果把儿童关在一个狭小的房间里，他们就会不可避免地对自己所面对的障碍采取一些暴力的行为，在这样紊乱的环境中，他们是无法有秩序地工作的。

在心理卫生学的领域里，“自由运动”并不是局限在非常原始的“身体自由”的状态。当我们探讨怎样对待儿童的自由活动这个问题时，可以用一只幼犬和一只小猫的活动来进行类比：不管是幼犬还是小猫，它们都应该能够自由地跑跳，而且它们也有这样的能力，孩子们常常一起去公园和田野中跑跳的情形也是这样的。如果我们根据这种自由运动的概念来对待小鸟，我们的许多安排就会对小鸟有益，例如，我们会在鸟笼里合适的位置上安放一两根（交叉）树枝，以方便它自由地进行上下跳跃的活动。当然，对于一只曾经在广阔无边的平原上自由活动的小鸟来说，无论我们进行怎样周密的安排，这都是不幸的。如果为了保证一只小鸟或一只爬行动物的自由运动，为它们提供相应的环境是非常必要的，那么我们可以由此类推自己能够为儿童提供像小猫和小狗的那种自由吗？据观察，当我们让儿童自己去进行练习时，他们一般会表现出不耐烦，比较容易吵闹和啼哭，大一些的孩子总是要弄些什么发明。当我们让他们去做一些乏味的为了步行而步行或为了跑而跑的练习时，他们会觉得无法忍受，甚至感到那是一种屈辱。因此，对儿童听之任之的活动效果都不太好，也不利于儿童的发展，唯一的好处就是有助于儿童的消化和生长发育。而更多的是，它会使儿童的行为变得粗鲁，会让他们形成一些不得体的跳跃或蹒跚的步态以及其他的危险行为。换句话说，儿童不会像自由的小猫那样在运动的过程中表现得优雅迷人，也不会像小猫那样通过自然而轻松的跑跳而完善自己的动作。儿童的运动本能中并没有任何优雅的气质，也没有丝毫完善自身动作的自然冲动。由此，我们推断，能让小猫获得满足的那些活动并不能让儿童感到满足。因为儿童的本性跟猫是不同的，所以他们自由活动的方式也必定会与小猫不同。

如果儿童进行的运动中没有什么智力的内涵，也没有人对他们的运动进行适当的指导，那么儿童在运动中就会感到厌倦。这是可以理解的，当我们被强迫去做一些“没有目的的动作”时，我们知道，人类曾发明过一种惩罚奴隶的残酷刑法，就是强迫他们先在地上挖出深坑，然后再把深坑填平。这种惩罚就是让他们进行没有丝毫目的的工作。

科学家对疲劳进行了实验，结果表明，人们所从事的工作有着智力性的目的，与等量的无目的性工作相比，就不易使人陷入疲劳的状态。于是，有的精神科医生就向病人提出建议，可以通过“户外工作”来治疗神经衰弱症，而不是进行“户外锻炼”。

弄清它们二者之间的差别是非常重要的。没有什么目的的工作只是一种持续性的活动，比如清除灰尘、清洗桌子、扫地、布置或清理桌子、刷鞋、铺地毯等。这些都仅仅是为了保护人们拥有的物品而进行的工作，这与技工所进行的工作完全不同，技工是进行智力上的努力而生产产品。可以说，前者仅仅是一种简单的劳动，它不需要投入很多智力因素，而只是需要完成一些简单的动作；相应的，后者却是一种生产性的工作，它需要人们进行一些最基本的智力准备，需要人们协调处理一系列同感觉练习有关的复杂肌肉运动。这种简单的生产性工作非常适合儿童，通过这些，他们可以“进行”自我训练，进而学着协调自己的动作。

在适宜的环境中成长

为了配合儿童的工作，我们就应该为他们准备一个“适宜的环境”，就像我们会为小鸟在鸟笼里放置一些树枝一样，这样就可以让儿童自由地发挥出他具有的模仿和活动的本能。在儿童的生活环境中，为他们配置的设施和用具应该同他们的身体高矮和力量大小相适应，比如，家具要轻便，易于搬动；食品柜要低一些，让孩子能用手臂够得到；锁要容易使用；柜子上要带小脚轮；门要轻便并容易开关；可以在墙上高度适中的位置钉上衣夹，供孩子使用的刷子是他们的小手能抓得住的；肥皂块的大小要合适；脸盆的大小要正好适合儿童盛水和倒水；扫帚要用圆柄的，要轻巧；衣服要便于穿脱；等等。这就是我们所说的能够刺激孩子自发活动的环境。在这种环境当中，儿童能够在没有疲劳感的状态下一步步完善自身动作的协调性，并且形成人所特有的优雅与灵巧。

为儿童提供可以自由活动的场所，有利于他们进行自我训练，并寻求自身的发展，它是让一个孩子成长为人的重要条件，也是一个人形成独特而又复杂个性的重要因素。儿童的社会意识也是在与其他可以自由活动的儿童共处的过程中形成的。当儿童对自己所做的一切感到满足并且能够保护和控制周围的环境时，他的意识就得到了升华。在发展自己个性与意识的过程当中，儿童还培养了自己坚持履行任务的意志和品质。在兢兢业业地完成任务的同时，他们还会得到一种理性的快乐。在这种环境之中，儿童会自觉自愿地坚持努力工作，在工作中不仅让自己的精神越来越健全，生理器官也会得以成长发育并日益强壮起来。

◆

第 16 章
培养儿童稳定的注意力

◆

把儿童的意识引向明确的目标

当我们把孩子放在一个有利于他们心理发展的环境中时，我们希望看到这个孩子马上就能把注意力集中在某个物品上，按照我们事先设定的目的来使用它，而且还不停地重复这个行为。我们发现，不同的孩子重复的次数也不相同，有的可能重复20次，有的可能重复40次，有的甚至可能达到200次。儿童的这种表现是那些与心理发育关系密切的行为的先导。

儿童会产生这种表现，是由于一种原始的内在冲动在发挥作用。这就像人处在精神饥饿的状态中具有一种模糊的意识那样，要释放这种饥饿所产生的冲动，就应该把儿童的意识引向明确的目标，使它转化为一种基本而又复杂并可重复进行的智力活动。

比如，一个孩子忙着安放一些立体插板或几个小圆筒，把它们移动到各自的位置上。他连续这样做了三四十次之后，突然犯了某个错误，或者发现了某个问题，于是他动手把这一问题解决了。这样他以后就会对这项活动越来越感兴趣，还会尝试反复进行这个活动。这个过程其实就可以促使儿童进行复杂的心理活动练习，有助于他们的内部发展。

或许正是因为内在意识的发展，儿童在使用这种物品时常常显得很愉快，还会不断重复地使用它们。就像我们要让一个口渴的人解渴，就不能只让他微微地抿一口水，而必须让他喝个痛快，喝够身体所需的水分一样。同样，要满足儿童的心理饥渴，只是让他们走马观花地这儿瞧瞧那儿看看是不够的，听别人描述物品的使用方法更解决不了问题，我们必须真正满足他们的内在需要，让他们拥有这些物品，并且能充分地使用它们。

我们应该把这一切当作心理建构的基础。这也是对儿童进行行为教育的唯一一个秘诀。我们为儿童创造的环境是他们可以进行自由活动的场所，而且最终目标就是满足儿童的精神活动需求。所以，我们在游戏中为儿童提供立体插板不只是要让他们了解有关物体大小的知识，平面插板的设计也不仅仅是把儿童形状概念的形成作为目标。它们与我们为儿童准备的其他物品都一样，目的是要培养儿童的主观能动性。在这类练习中，儿童能够获得他们真正可以理解的知识。并且，在学习这些知识的同时，他们也要学会保持程度相当的注意力。实际上，正是因为儿童获得的感觉知识在范围、形状和颜色等方面是精确的，才使人类的精神活动渗透到各个领域，并有了取得更大成就的可能。

外界刺激是一种真正的精神乳汁

心理学家普遍认为，注意力不稳定是三四岁幼儿的特征。他们会被自己看到的每样东西吸引，他们的注意力不断地从一个物品转移到另一个物品上。也就是说，这个年龄的幼儿很难把注意力投注在某件物品上。可见，使这些幼儿集中注意力很不容易，这就是儿童教育所面临的困难。

现代心理学家威廉·詹姆斯就指出："我们都了解儿童的注意力非常容易改变。这种易变的特点可以从我们给孩子上的第一堂课的情况中反映出来。他们的表现真是乱七八糟。……而注意力的易变性加上被动性……更多地体现在儿童的行为中。他们只是不经意地注意自己看到的每样东西，这是教育工作者必须克服的第一个困难。……儿童从这种多变的注意力状态中自动恢复的能力是他们形成判断力、性格和意志的基础。……促使他们改进这种能力的教育才是最好的教育。”

如果一个人仅靠天性行事，他永远也无法集中自己的注意力，只会任凭自己的好奇心使注意力在不同的事物之间不停地转移。

其实，在我们的实验中，幼儿注意力的保持并不是由一位老师人为地实现的，它是由某个能引起他们注意的固定的物品来保持的。在相同的情景中，一个新生儿为了完成吮吸活动而进行一系列复杂而协调的运动，也是源于首要的、无意识的营养需要。他们进行的这些活动并不是有意识、有明确目的而进行追求的结果。事实上新生儿这时还不可能有明确的目的意识。所以，儿童最开始表现出来的行为缘于一种基本的外界刺激。外界刺激是一种真正的精神乳汁。我们能够通过孩子的小脸发现他的注意力表现出惊人的高度集中。

我们发现，一个只有3岁的儿童可以连续50次不断重复同样的活动。这时候，很多人在他旁边走动，有人在弹钢琴，一群孩子在齐声唱歌……这么嘈杂的环境也没能分散他高度集中的注意力。同样，如果一个孩子正衔着母亲的乳头吃奶，不管身边发生什么事，他都不会停下来，除非他吃饱了。

只有自然能够创造这样的奇迹。心理行为源于自然，我们必须去探寻大自然的秘密。要理解自然，首先应该对它的初始阶段有一定的了解，因为揭示真理的基础正是那些最简单的东西，而解释更复杂的现象也需要以它为指导。

实际上很多心理学家就是这样做的，他们为了获取关于生命的知识，就从观察生物的自由活动开始。如果法布尔没有让昆虫在自由的状态下展现它的自然状态，或者在观察它们的时候对昆虫的活动进行了人为的干涉；如果他只是把昆虫抓住，把它们列入研究的视野范围内，他就只能用这些昆虫来做实验，而不能揭示出昆虫的生活中所发生的各种奇迹。如果细菌学家没有创造出一种营养和温度等方面条件接近细菌生长所需的自然环境，使这种细菌以“自由地生存”来表现它的特征；如果他们只是局限在利用显微镜去固定观察一种疾病的细菌，那么用来挽救人们生命和保护一个民族免受传染病侵袭的科学就无法发展。

要让各种生命实现真正的自由，基础性的工作就是使用各种方法去观察生物。自由是对儿童进行注意力实验研究的条件。我们必须记住，对幼儿注意力的刺激，在感觉上要强而有力，它应该伴随着感官方面的生理适应性。幼儿的生理发育尚不完全，我们必须遵循自然的规律来发展这种适应性。在这个过程中，如果一个物体不能有效地激发这种适应能力，它就无法让儿童在心理上保持注意力，而且还会导致他们生理上的疲劳，甚至伤害他们的眼睛、耳朵等适应性器官。一旦儿童能够自由地选择物体，同时以高度的注意力去使用它时，他们就能明显地体会到一种快乐、健康的官能活动，并且会感到这种练习还有益于身体的各个器官。

需要注意的是，与这种外部刺激相关的神经中枢也要同时为促进想象形成而做好准备。也就是说，应该在内部做好心理上的“适应”。具体来说，当外部刺激发挥了作用，大脑神经中枢就按照内部的程序依次产生兴奋。两种力量的作用就好像在开启一扇关着的门：外部的感觉力量在敲门，内部的力量把门打开。假如内部的力量不把门打开，外部的刺激作用再强也是没有意义的。一个心不在焉的人可能会不小心跌入深谷，而一个专注工作的人却能做到不受街上乐队的影响，对他们的演奏充耳不闻。

注意力是心理学最感兴趣的问题，它在教育方面也表现出了最实用的价值。老师的工作艺术所在就是把握儿童的注意力，让他们对教学活动充满期待。当外部刺激“敲门”的时候，老师要为孩子提供“开门”的内部力量。但是，如果老师对这一工作完全陌生或很难理解，就无法引起孩子的兴趣。教学其实是一门逐步引导学生从已知到未知、从简单到复杂的艺术。我们要引导他们走过新奇的“未知”领域的大门，迈入其中进行学习，并将注意力引向我们期望的状态。

专注力是内部力量作用的结果

儿童的注意力不易集中的现象好像在告诉我们，心灵敏捷的人将会受到自然法则的束缚。

威廉·詹姆斯认为，“精神的力量”是“生命的神秘因素”之一。但丁也说过：“……人类不知道自己的最高智慧从哪里来，也不知道自己对物质的最高欲望从哪里产生，他们只会像蜜蜂一样，凭自己的本能去酿蜜……”人们对外在事物的特殊态度构成了其天性的一部分，而且决定了他们的性格特征。吸引我们注意力的不是那些无关紧要的东西，而是我们感兴趣的东西。

只有那些能激发我们内在活力的东西才能引起我们的兴趣。我们的内在世界对外部世界所提供的信息会做出一定的选择，从而让它们跟我们的内部要求相一致。比如，在这个世界上，画家能发现最丰富的色彩，音乐家最容易被声音所吸引。虽然人们生活在同样的环境里，但个性特征、内在表现、人与人之间的差异，在有些人那里还是表现得比较明显的，他们只会从环境中找到自己需要的东西。那些构成我们外部世界的“经验”在人与人之间并不会造成混乱，而且还受人个体能力的控制。

没有一位老师能够用任何技能使一个孩子对某个物品表现出专注的神情。显然，这种专注力是内部力量作用的结果。历史记载的天才让我们发现，虽然他们性情不同，但都拥有超常的注意力。比如，阿基米德非常专注，传闻叙拉古城被敌人攻下都未能使他分心，他在伏案研究几何图形时被杀。牛顿沉浸于研究时，竟会忘记吃饭。意大利诗人阿尔费里在创作一首诗时，居然对经过他窗前的结婚队伍的喧闹声充耳不闻。

然而，天才人物在注意力方面所具有的这些特征，是不能被一个“对此感兴趣的”老师唤起的，不管这位老师的教学艺术多么巧妙、多么高超。

“通过儿童内心的精神力量作用就能够打开儿童的注意力之门”，如果说这种观点是正确的，那么由此引发的问题就不是简单的教学艺术问题，而是自由对儿童心灵建构的作用的问题。用逻辑的观点来看，通过外部力量来为儿童提供适应其心理需要的营养物质，以及用尽量完美的方式尊重他们自由发展的态度，是创造新的教学法的基础。

我们应依据实验，科学地为儿童提供建构心灵所需要的东西。我们可以看到很多复杂生命现象的发展。在这个过程中，理性、意志和性格会一同发展起来。这就像营养均衡的儿童，他们的大脑、胃和肌肉将同时成长发育一样。

首先，我们会发现孩子认知能力的出现。它为智力的发展提供了第一个胚芽，可以补充本能的兴趣。当这种情况产生时，认知就开始为儿童建立一种类似注意力的心理机制。这样就又发生了从已知到未知、从简单到复杂、从容易到困难的演变，不过这是带有某种特征的。

从已知到未知的演变，并不像有些老师所设想的那样，从一个物体转移到另一个物体。它是在儿童内心建立起来的一种复杂的观念体系。这一体系是儿童在一系列心理过程中自己积极建构起来的。它代表了一种内在的心理发育过程。

为了完成上述变化，我们应该为儿童提供大量系统的、复杂的、和其本能力相一致的材料。比如，我们可以向儿童提供一系列物品，来引发他们关注颜色、形状、声音、触觉和气压的本能。儿童会用他们特有的方式，同各种物体持续发生活动，来建构自己的心理个性，并获得对事物的清晰、有序的知识。

完成了这一步，这些通过形状、尺寸、颜色、光滑度、重量和硬度等特征呈现的物体，就跟儿童的心理发生了联系。某些东西开始出现在儿童的意识中。儿童时刻期待着它们，并快乐地接受它们。

当儿童在这种原始冲动的基础上又认识和注意到外部事物后，他们就跟这个世界上的某些东西建立了一种联系，他们的兴趣也更广泛了。换句话说，他们不再局限于跟原始本能相关的原始兴趣。他们的新兴趣建立在已获得的知识基础上。这也是儿童洞察力的基础。

传统的教育学认为，要让儿童将注意力集中到未知的事物上，就应该使已知和未知建立起一种联系，因为儿童能够在获取新知识的过程中扩展自己的兴趣。而我们在实验中观察到，这种观点只抓到了这种复杂现象的一些细枝末节。其实，已有的知识会使兴趣转向更复杂和意义更加崇高的事物上，而且还会促使文化不断地演变、延续。同时，这一过程本身就会让儿童在头脑中建立起秩序。

老师在讲课时简洁地说：这是长的、这是短的、这是红的、这是黄的……他们就这样固定地用一个个简单的字清晰地表明了感觉的顺序，同时还对它们进行了分类、编目。在孩子的头脑中，每一个映象同另一个映象被完全区别开来，它们都有自己明确的位置，而这种映象还能够通过一个词回忆起来。这样，新的知识既不会被随意抛在一边，也不会跟旧的知识混淆在一起，而是会被安排存放在合适的地方，还会跟原有的同类知识归到一起，如同图书馆里的图书一般，井然有序地陈列着。

于是，在人的内心深处不仅有一种渴望增长知识的动力，还会形成一种秩序，这种秩序又在不断吸收新信息的过程中得以维持。所以，内部的协调性就如同生理上的适应能力一样，本身就以自发活动为基础建立起来的。人的内部条件决定了其个性的自由发展、个体的成长与组织建构。

老师可以控制这些现象。但是，他们在这样做的时候，需要非常小心谨慎，要避免将儿童的注意力引向他们自己。因为儿童的全神贯注对他们的未来有决定性作用。老师的教学艺术在于理解孩子的行为，而不要对自然的表现进行干预。

教育的基础和目的

对于大一点儿的孩子，我们应该首先关注那些作为生命基础的本性与作为生活基础的刺激之间相互对应的基本事实。不管它们怎样变化，我们始终要把它们作为教育的基础。

我的观点遭到了一些专家的反对，他们认为，儿童一定要养成注意所有东西的习惯，甚至要注意一些他们不喜欢的东西。这是现实生活对儿童提出的要求，他们必须为此进行努力。

这种论点的建立带有一定的偏见。它就像一个家庭里的严父提出的“孩子们应该习惯吃所有的东西”之类的命令。在这里，道德教育被置于一边，实在令人觉得可悲。幸好这种命令式的教育已经过时了。如果它还一直流行的话，做父亲的就会因为孩子在午饭时不吃自己不喜欢的菜而惩罚孩子禁食一整天，或除了那道被拒绝的菜之外，他不准孩子吃其他任何东西，就算这道菜已变凉甚至令他恶心也不成。最后，饥饿会削弱这个孩子的意志，打破他的幻想，他只得把那盘变凉的食物吞下肚子。而当父亲的还会理直气壮地称自己能在任何情况下安排好孩子的生活，孩子能吃下为他提供的任何东西，他既不贪吃，也不任性。那时候，为了改正孩子贪吃的毛病，成人会采取十分粗暴的方法：将还没有吃晚饭的孩子送上床睡觉。

直至现在，那些坚持认为儿童对不感兴趣的东西也要关注的人就是采取了相似的方法。可是，这类不易消化的食物只会危害孩子的身体，让他们越来越虚弱。

被这样要求的孩子无法拥有坚强的意志去克服生活中的困难和面对可能发生的种种问题。那些在吞下冷汤或不易消化的食物后就马上上床的孩子，身体就会发育不良。当他们遇上传染病，就很容易因为抵抗力弱而被传染。另外，从道德培养的角度来看，这些做法也不利于他们的成长。由于这些人在童年时期有很多没有得到满足的欲望，他们的内心就会把这些欲望的满足当作最大的自由和快乐，等到成年后，他们就会在吃喝上没有节制。

而有一些孩子，他们获得了合理的喂养，拥有了健康的身体，也成为有节制的人。他们追求一种健康的生活和饮食，反对酗酒，不会无节制地吃东西，因为他们知道这些做法都是对身体有害的。一个现代人能从很多方面抵抗传染病的侵袭，他会在没受到任何强迫的情况下努力采取各种防护措施；他有勇气尝试和体验各种艰苦、高负荷的运动；他会努力去完成一些伟大的事业；他能够勇敢地面对冷酷的道德冲突，并能使自己的精神得到净化。只有这样的人才能成为一个意志坚强、精神执着、决策果断的人。

一个人的内在生活发展得越正常，他就越能成为有个性的人，也就越能培养出顽强的意志和健全的心智。一个要在人生道路上奋斗的人，他不必从出生的那一天起就开始准备，但是他必须是一个坚强的人。他身上所具有的强大力量是在一天天的储备中得来的，没有哪个英雄在做出宏伟业绩前就是英雄了。我们无法预见未来生活的艰苦程度，也不会有人告诉我们面对的方法，一个人只有充满蓬勃的朝气才能应对一切事情。

对于一个处在进化过程中的生物，保证它的正常发育就是生物学家能够做的事情。同样的，胎儿需要血液来滋养，新生儿需要母乳来抚育。当胎儿生活在子宫内时，一旦血液中缺乏蛋白质和氧气，或者机体被有毒物质侵入，这个生命就无法进行正常发育。所谓的产后照顾都不可能使一个先天不足的婴儿强壮起来。如果婴儿不能获得足够的奶，他们在生命的最初阶段就处于营养不良的状态，这如同宣告了他们将永远处于劣势。躺着吃奶、充足的睡眠，这些都是在为行走做准备。在吃奶的过程中，婴儿开始长出牙齿。鸟巢里的小鸟不是刚长出羽翼就马上进行飞行方式训练的，而是待在温暖、有食物的小窝里不动。这也是间接地在为生活做准备。

鸟儿的飞翔本领、野兽的凶猛本性、夜莺的动人歌声、蝴蝶翅膀上的美丽花纹，这些令人惊叹的自然景象，如果不是因为有了在秘密的巢穴中或寂寞的茧里所做的准备，是绝对无法呈现的。自然界的万物在形成的过程中都要求有一个宁静的环境，其他任何东西都不能替代它的作用和意义。

儿童处于发育中的心灵也同样需要拥有一处温暖的“巢”，只有那里才能保证他的营养，为他今后的发展打下基础。所以，我们非常有必要为儿童提供跟他们心灵发育倾向一致的东西，即用最小的代价，展现最大的力量，使人的潜能充分发展——这就是教育的目的。

◆

第 17 章

对儿童进行意志教育

◆

当儿童从众多物品中选出他们喜爱的东西时；当他们从餐柜中取出某样食品，然后又把它放回原处或让给其他伙伴时；当他们期待已久的某些玩具正被别人占用而自己只好在旁边耐心等待时；当他们一边专心致志地进行练习，一边纠正教材里的错误时；当他们一动不动地待在座位上，直到听见自己的名字被叫才站起来，而且还要小心翼翼，不让自己的脚碰到桌椅发出声响时，儿童的这些表现处处体现着他们的“意志”。在影响儿童才能发挥的众多因素中，真正持续起作用的就是意志。

下面让我们来对意志的一些相关因素进行一下分析吧！

意志体现在行动中

意志的所有外在表现都体现在行动之中，不管人们采取什么行动，如行走、工作、说话、写作，或是睁眼注视、紧闭双目来避开某种事物，他们都被动机控制着。另外，意志还能够抑制某些行为，比如，它能够抑制我们由于愤怒而产生的冲动，制止我们抢走别人手里的东西。这些都是自愿的行为。所以，意志不仅可以抑制简单的冲动行为，还会对行为进行理智的引导。

如果不体现在行动中，意志就无法表现出来。例如，如果一个人想做好事却犹豫不决；想戴罪立功又不付出行动；想外出访问或致信亲友，却什么都没有做，他就没有完成有意志的行为。只是停留于想象或空有愿望是不够的，一切都要体现在行动上。生命的意志有多强，行动就有多大的力量。我们的一切行为都是冲动和抑制两种力量相互制约的结果。在两种力量的共同作用下，我们的行为就会经过不断的反复而成为习惯性的或无意识的举动。

事实就是这样。比如，当我们评价一个人的行为举止有教养时，他的一切习惯性行为都属于这种情况。我们或许会在一时冲动下想去拜访某位朋友，然而当意识到这一天不是他的接待日而可能会打扰他时，我们就会放弃这种行动。当我们舒服地坐在起居室的角落里，这时候走进来一位德高望重的女士，我们会马上自觉地站起身，向她鞠躬或者跟她握手。

我们的行为并不只是为冲动所支配的，它们还体现着我们的礼貌和教养。一方面，如果没有冲动，我们就不会参与任何社交活动；另一方面，如果没有抑制力，我们就不能修正、引导、利用我们的冲动。

正是这两种截然相反的力量之间的协调与平衡，训练和培养出了我们的习惯。形成了这些习惯，我们在做事情的时候，就不必非要下很大的决心去努力，也不必用推理或知识去完成它们。它们几乎成了一种惯性。当然，我们这里所说的不是由本能所引起的行为，而是一种习得的习惯性行动。

我们身边有一些人，他们在成长的过程中，并没有接受过要遵守某些规则的教育，而只是笼统地了解了一些关于纪律方面的知识，所以他们经常不可避免地犯下一些严重的过失，在平时更是不断地出现过错。如果他们是被迫要在某时某地执行某项行动的命令的，那么他们就要一直处于警觉和意识的控制之下，否则很难完成任务。这跟那些风度高雅的人的习惯是完全不一样的。对于后一种人来说，意志会在意识之外或在意识的边缘持续不断地予以努力，来促使意识进行新的发现和做出更大的努力。

在自由交往中训练意志

和成人相比，孩子的小生命发展得还不平衡，他们总是爱冲动，而且不得不吞下由此产生的苦果，他们有时还会屈服于抑制。在他们身上，意志的两种截然不同的力量尚未融为一体，来帮他们塑造出一种新的个性。直到心理萌芽时期，这两种因素还是处于分离状态。但是，我们不能放弃这种努力，因为这种“融合”与“适应”是必然会发生的，而且会在潜意识中发挥支持的作用。

我们应该尽早引发孩子这种积极的行为，因为它们是人最基本的发展。要注意的是，我们的目的不是把孩子培养成早熟的绅士淑女，而是促使他们锻炼自己的意志，更早地建立起抑制和冲动之间的和谐关系。因此，我们应该让孩子和其他小朋友一起活动，在日常生活中训练他们的意志，让他们专心致志地进行某项任务，抛开其他跟完成这项任务没有关系的活动。让他们选择自己能力范围内的肌肉协调活动，然后坚持进行练习，直到这种协调动作成为一种习惯。当孩子学会尊重别人的工作时；当他们耐心地等待想要的东西，而不是从别人手中抢夺时；当他们到处走动，既不会撞倒伙伴，也不会踩到别人的脚，或将桌子弄翻时，他们就正在进行自身意志的锻炼，努力使冲动和抑制的力量趋于平衡。这种态度的养成就是在为孩子融入社会生活进行准备。

相反的，假如我们只是让孩子一动不动地并肩呆坐在那里，他们彼此之间就不可能建立起应有的联系，儿童的社会生活也无法得到发展。

只有在自由交往的过程中，让孩子们进行相互适应的训练，他们才能够建立起社会化的习惯。一味地向他们说教，告诉他们应当做什么，无法达到培养他们意志的目的。要使孩子形成优雅大方的举止，不能只靠向他们灌输“礼貌观念”或者“权利与义务观念”。就像我们不可能只通过跟一位专心致志的学生讲述钢琴演奏的指法，就能让他弹出贝多芬的奏鸣曲一样。在一切类似的活动中，要使儿童发展“成型”，最基本的一点就是要训练他们的意志力。

冲动和抑制的平衡

在儿童的早期教育中，为了培养他们的个性，调动所有有用机制的做法是很有意义的。就像运动一样，让孩子做做体操是很有必要的。大家都知道，没有经过锻炼的肌肉无法完成那些需要肌肉力量的运动。没有经过锻炼的机体是有缺陷的。一个肌肉无力的人是不愿进行各种活动的。可以说，为了保持心理活动的能动性，在心理方面进行类似的体操训练也是很有必要的。

对于一个意志薄弱甚至丧失意志的孩子来说，要适应一所让所有孩子都呆呆地坐着听讲或假装在听讲的学校，是很容易的。但是，这类孩子的结局常常令人同情。虽然学校在他们的通知单上写着“表现出色，学习进步”的评语，老师总是用“乖孩子”来夸赞他们，但他们中有些人却不得不到医院接受神经紊乱方面的治疗。结果就是，这些孩子只好在不受任何干扰的情况下沉浸于虚弱之中，就像被流沙吞没一样。

与之对应的是，那些生性好动的孩子却被视为“制造混乱的人”，被称作“调皮鬼”。如果我们要研究他们调皮的性格，他们身边的人就会不约而同地说：“他们总是安静不下来。”他们的好动还会被进一步具体化为“侵犯其他同学”。而他们的“侵犯”其实往往是想尽办法让处于静止状态的同学激动起来，然后融入他们的队伍。

另一个极端表现是受到抑制支配的孩子。他们常常极为害羞，回答问题时也犹豫不决，即使在一些外部刺激的作用下，他们能够回答问题，也总是声音很小，有时回答完问题后竟然会哭出来。

对于上述三种孩子，我们应该对他们进行参与自由活动的必要训练。当一个意志薄弱的孩子看到其他孩子不断地进行着有趣的活动时，他就会得到最有益的刺激。

一旦这类孩子从被监视的状态中解脱出来，按照自己的意愿进行自由的行动时，这种有规则的训练就会让他们在过分好动和过分向压力屈服之间找到一种平衡。这也是解放人类的重要方式。它让弱者拥有力量，让强者获得完善。

如何在冲动和抑制之间找到平衡点，这是病理学一直在研究的一个常见又有趣的问题。我们在正常人身上也经常会发现这样的情况，只是程度没有那么严重罢了。但它也像我们在教育中遇到的各种不足和缺陷一样，已经达到了极其普遍的程度。

冲动能让罪犯做出伤害别人的举动，也会令正常人做出轻率的行为，然后再因为它造成的痛苦而后悔。很多时候，容易冲动会给正常人带来极大的危害，让他们的事业遭受损失，让他们的才能无法施展。

一个人如果被病理学家诊断为自己抑制的牺牲品，那他就更加不幸了。有时候，即使他静止不动，保持着安静的状态，内心也充满了对活动的向往。那种得不到满足的冲动会经常折磨这个人的灵魂。这种压抑会给他带来一种被活埋的恐怖感觉！他非常想得到医生的帮助，得到高尚灵魂的安抚，倾诉自己的不幸。而且，不知道有多少正常人曾经历过同样的痛苦。

本来，这些人在一生中有很多合适的机会可以展现自己的价值，但他们却没有这样做；本来，他们无数次想表达自己的真实情感，从而扭转困难的局面，可他们的心扉总是无法敞开，嘴也一直保持着沉默；本来，他们极为热烈地期盼着向某个能够理解他们、启发他们、安慰他们的高尚灵魂进行倾诉，而当他们面对自己所景仰的人时，却说不出一句话来。他们唯一感受到的是内心极度痛苦。尽管冲动在他们的意识深处催促着："说吧！说吧！"但抑制却像无法抵抗的自然力量一样无情地堵住了他们的嘴。

要治愈这种症状，没有别的方法，只有通过自由活动使他们慢慢转变，从而令冲动和抑制达到相互平衡。

意志品质是内在个性和谐的基础

需要在此加以区分的是，那种在潜意识里就能采取正确行动的人，并不是我们所说的“有意志的人”。我们要培养的是一个人的基本品质，人们之间的关系和整个社会就建立在这个基础之上，一个社会正是靠一代代人坚忍不拔的努力才能够维持下去。

这种品质是一个人内在个性和谐的基础。如果没有它，人的躯体就会被分离成单个细胞，就像一段处于混乱状态的不连贯的曲子一样，不会成为相互连贯的有机体。这个基本品质体现着一个人的思维和情感脉络，即这个人的整体个性，也就是我们所说的“性格”。一个有性格的人才会坚定不移，成为忠于自己的言行、信念和情感的人。正是这些人坚持不懈地工作，才创造出巨大的社会价值。

任何一个堕落的人，在他萌发犯罪动机、背叛自己的情感之前，在他失足甚至放弃高尚的信仰之前，通常会表现出懒惰或无法持之以恒的特点。一个原本忠厚老实、举止得体的人，在显露出暴力动机、行为失常或神志不清之前，总有一种征兆，那就是不再乐于把精力投注在工作上。人们常常习惯性地认为，勤劳的姑娘会成为贤惠的妻子，一个好工人通常应该忠厚老实，能给妻子带来幸福。这里所说的“好”，不是指他们的能力，而是一种坚持不懈、不屈不挠的精神。

比如，一个在制作小工艺品方面技艺高超但工作时缺乏意志的冒牌艺术家，不会让人们觉得他有什么了不起。在人们眼里，他无法兴家立业，不能成为一位称职的丈夫、父亲，而且还有可能给社会造成危害。跟这个人形成鲜明对比的是，一个谦卑、虔诚地进行工作的手工业者，他的内心具备创造幸福和宁静生活的所有要素，就像人们所称赞的那样，这个人是一个有个性的人，一个能够征服世界的人。

如果一个孩子在自己的精神生活中建立起一种内在的秩序与平衡，使自身的个性得到成长，并在这一工作中表现出坚持不懈的性格，那他一定能像成人一样为集体创造利益。这个孩子会全神贯注、废寝忘食地训练自己，不断努力使自己成为一个坚忍不拔的人，一个有个性的人，一个具备人类各种优秀品质的人。他的所有这些努力会让他最终获得一个成功者的基本特征：坚持不懈地工作。只要孩子能做到这一点，不论他选择什么样的工作，他都能做得同样好。因为真正有价值的不是工作本身，工作只是一个培养和充实内心世界的方法。

有些人为了让孩子做一些成人觉得重要的事情而去打扰孩子的工作，有些人认为地理对提高孩子的修养很重要，就不让孩子去学算术。这些人混淆了目的和手段的关系，他们为了虚荣而毁了孩子。一个儿童需要指导，不只是因为他的修养需要得到提高，更因为这是他作为一个人的自我需要。

◆

第 18 章

对意志进行不懈的训练

◆

为道德建造一座房屋

坚持不懈的工作和清晰的思维，会在一个人的意识中形成对可能造成冲突的动机进行筛选的习惯。一个人在琐碎的日常生活中对那些最微不足道的事情所做出的决定，将对他的行为逐步施加影响，在那些反复进行的行为中不断增强自我指导能力，这些都是在为坚实个性的形成打基础。其间，道德就像一位中世纪身居在城堡里的公主一样居于我们体内。

显然，如果要“建造”一间供道德居住的“房屋”，我们还需要对身体进行适当的控制。比如不酗酒，到户外进行活动来恢复体力。当然还有比这些更加重要的，那就是为了使心理上的疲劳得到恢复，我们需要对意志进行不懈的训练。

当儿童通过自我教育，把那些复杂的、需要做出比较和判断的心理活动付诸行动的时候，他们一方面是以这样的方式获得了有一定条理的、明晰的智力，另一方面也会对他们的意志进行培养。这也是一门学问，它能帮助孩子在不依赖别人意见的情况下形成自己的决定。掌握了这门学问，他们就可以以此来把握自己在日常生活中碰到的所有事情；对于想得到的东西他们会自己决定可不可以去拿；他们会情不自禁地随着音乐翩翩起舞来放松自己的身心；在他们想安静的时候，他们就会抑制所有想要运动的动机。这种坚持不懈地对个性进行培养的工作，都是通过决定从而付诸行动的。

由此，井井有条代替了最初的紊乱，整个生命就进入了一种自发的状态之中，怀疑和胆小也随着心理紊乱的消失而消失了。

孩子应当有自己的意志

假若不让条理性和清晰性在头脑中生根，而是让孩子的思维处于一片混乱之中，尤其是让他们去背诵一堆课文，这都只会妨碍孩子的成长，妨碍孩子自己做决定，那么他们的意志就无法得到发展。采用这种方式的教师还为自己辩解说："孩子不应当有自己的意志。"在发表这样的言论时，这些教师倒是诚实的，因为他们在教育孩子的时候，从来就没有考虑过孩子发自内心的"我想要"的要求。这样的教育将带来不堪设想的后果，他们其实是在妨碍孩子初期的意志发展。这种氛围使孩子感受到有一种力量在控制他们的行为，这让他们变得胆小，甚至在没有得到他们依赖的人同意和帮助的时候，连一点儿承担责任的勇气都没有。

一次，一位女士故意问一个孩子："樱桃是什么颜色的？"那个孩子本来知道樱桃是红色，可让人想不到的是，这个提问让这个胆小的孩子非常紧张。他犹豫而惶恐，不知怎样回答才好，最后他只是喃喃地说："我去问老师。"

一个人身上最重要的一种机能就是为做决定而准备的意志机能。它非常有价值，一定要把它建立起来，并不断强化它。病理学进行了一定的揭示，这种意志机能与意志的其他因素有很大差别，它像是支柱，支撑着人的人格。

怀疑癖

病态心理中有一种叫作"怀疑癖"。它的一个明显症状就是无法做决定，并且会伴有一种比较严重的苦恼状态。

我在一家专治精神错乱的医院里遇见过一个典型的“怀疑癖”病例。这个病人平时四处搜寻垃圾桶，唯恐什么有用的东西掉进垃圾桶，甚至当他准备带上垃圾离开的时候，他还要爬上楼，挨家挨户地敲门询问人家的垃圾桶里有没有掉进值钱的东西，直到确定没有了之后才会离开。而且，这样折腾过一遍还没完。过了一会儿，他会再回来，又一次挨家挨户敲门问一遍，就这样循环往复。后来，他陷入绝望中，只好找医生寻求帮助，看看有没有可以使他的意志力增强的办法。

为此，医生反复地告诉他，垃圾桶里没有值钱的东西，他可以完全地放心，可以去继续做他自己的事情。听了这些话之后，他的眼睛里闪耀着希望的光芒，一边在口中反复念叨着“我可以放心了”，一边走了出去。可是，他一会儿竟然又回来了，依然带着疑惑，他问道：“我真的可以放心吗？”医生就再一次告诉他：“是的，你确实可以完全放心了。”这一回是他的妻子把他带走了。我向窗外望去，发现他站在大街上，还在跟他的妻子拉扯，然后他再次焦躁不安地跑了回来，第三次不放心地问道：“我的的确确可以放宽心了吗？”

事实上，正常人的头脑里也隐含着这种癖症的因子。比如，一个人出门的时候，在他锁上了门之后，还会去摇几下锁把，而且在他走出去几步之后还会因为怀疑门没锁上而回去检查。尽管他知道自己已经锁了门，而且还清楚地记得自己摇过门的锁把，可是一种不可抑制的冲动却迫使他回过去看门是不是真的锁上了。

这种情形也会出现在一些孩子的身上。例如，在上床睡觉之前，他们总喜欢看看床底下有没有小猫、小狗之类的动物。结果往往是他们什么都没有看见。其实他们心里也明白，床下面什么都没有。即便是这样，他们过一会儿又会爬起来，看看床底下有没有什么东西。这种“细菌”就像淋巴结里的结核杆菌那样，到处蔓延，让整个机体处在一种非常虚弱的状态中。对于这种危害，我们或许能够掩盖一段时间，就像苍白的脸色在胭脂的掩盖下可以在一段时间内不被人发现，也不会带给你任何忧虑，但时间久了，它就将侵入到机体的各个部位，使人病入膏肓。

对意志进行训练

要想让意志在身体有效完成任务的时候体现出它的价值，我们就要对它进行一些训练，这对于培养我们行为的精确性是非常必要的。大家都知道：没进行过基本功的训练，我们就不可能会跳舞；没进行过手的动作训练，我们就不可能会弹奏钢琴；而这些基本的动作协调运动以及理解力的培养一定要从婴儿时期就开始。

在纯粹的生理作用的过程中，人的肌肉并不是在以相同的方式进行运动，而是采用了两种毫不相同的方式。比如，有的肌肉伸展，有的肌肉收缩，才能使人的胳膊得以活动；有的肌肉拉伸，有的肌肉蜷缩，才能使人蹲下或起立。可以看出，这些肌肉所采取的行动常常具有对抗性的特点，而我们身体所展现的每一个动作都是这些具有对抗性的肌肉互相合作来实现的。在运动中，不同的肌肉通过合作发挥作用。正是通过各肌肉之间的这种合作，我们才能完成那些了不起的动作，就是那种刚劲而有力、优美而大方、雅致而舒展的动作。它也使我们具有高雅的身体姿态，而且还可以创造出跟音乐旋律匹配的动作。

为了让这些具有对抗性的肌肉可以默契地配合，就要进行动作方面的训练。需要注意的是，当我们对儿童进行动作方面的训练时，必须在其具备了自然的动作协调能力之后才能够进行。此后，我们还可以进行一些运动和舞蹈等特殊动作的训练。如果你想让孩子的动作协调起来，你就必须不断地对其进行这些动作的训练。不管它是优雅大方、轻巧灵活的动作，还是充满生命力的动作，都需要不断地进行训练才能完善。

在这里，意志理所当然能够起到作用，比如说，你会希望自己致力于运动、舞蹈、防身术或者参加比赛等。运动总是随意的，不管是最初为了“肌肉协调”而进行的运动，还是后来设计或创造的一些更加高级的协调技巧。简单地说，意志就像是一名指挥员，在指挥着一支有组织、有纪律、有技术的部队。

为了使孩子建立起能动性，人们不会让孩子完全处在静止不动的状态中，更不会用胶布把他的四肢粘住，使他的肌肉萎缩甚至瘫痪。可是，我们也不能只向孩子讲述那些关于小丑、杂技演员、拳击冠军和摔跤运动员的故事，用那些来刺激他，使他产生模仿这些人的强烈愿望。很明显，这种行为是荒诞的。

事实上，我们还做着一些更加荒诞的事情。我们想要培养孩子的意志，而我们的行为往往取得适得其反的效果，或者是试图使它消除，或者把它扼杀，这必定会妨碍孩子的意志发展。我们总是用自己的意志去代替孩子的意志。我们还会按照自己的意志让孩子静止不动或者不断地走动。不仅这样，我们还为孩子做选择，为孩子做主。到了这样的地步，我们才能心满意足，还用充满训诫的口吻说：“意志就是行动。”此外，我们还用寓言的模式向孩子灌输一些英雄人物和意志坚强的伟人的故事，认为只要让他们模仿这些人的行为，他们就能够产生强烈的竞争意识，就能够创造出奇迹。

上小学一年级时，我遇到一位特别爱我们的“好”老师。她叮嘱我们坐在座位上，一动也不要动。她自己累得面色苍白，筋疲力尽，却还一直对我们不停地讲。为了激励我们，她让我们尽量去模仿那些杰出的女性，尤其是“女英雄”，还要求我们牢牢地记住这些人的生平。为了把我们教育得出人头地，她要求我们大量地阅读名人的传记，希望让我们觉得，成为女英雄并不是不可能实现的，因为这个世界上有这么多的女英雄。她所付出的所有努力都是要告诫我们：“你也应当努力地让自己出名！”“难道你不希望出名吗？”有一天，当有人这样问我的时候，我冷冷地回答说：“哦，不！我决不会这样做。我关心孩子的将来胜过一切，我不会再把其他人的传记列到课程表中。”

从世界各地来参加国际教育和心理会议的教育学家们曾经共同发出了下面的悲叹：年轻人“缺少个性”，这已经构成了对人类的极大威胁。但是，以我的观点来看，现在的问题并不是人类缺乏个性，而是学校摧残了孩子的身体，削弱了孩子的意志。我们需要采取的行动是解放他们，这样人们身上的潜力就能够得到发展。

发挥意志的作用

一个更高层次的问题是，我们应该怎样发挥坚强意志的作用。意志的发挥必须依赖于意志已经得到发展且变得足够坚强。人们经常用一个例子来教育孩子崇尚意志的力量。

维托里奥·阿尔费里到了晚年依然坚持着自学。他凭借极大的毅力克服了学习初始阶段的单调和乏味。虽然当时他已经进入社会名流的行列，但他仍然努力地坚持着学习拉丁语，成为世界著名的文学家。而且，他还靠着自己的热忱和天赋，成为一位伟大的诗人。在谈到他是怎样实现这个转变的时候，他说的那句话成为在意大利经常被教师引用的名言：“我坚持，不懈地坚持，全力以赴地坚持。”

在做出这个令自己的人生产生转变的重大“决定”之前，维托里奥·阿尔费里不过是社交界里贵族夫人的玩物，并以任性而出名。后来他意识到，如果自己再这样继续充当别人的感情奴隶，他将会把自己毁掉。正是这种内在的冲动激发了他，使他想要提高自己。

但是，正当阿尔费里感到自己能够成为一位伟大的人物，全身充满了无限潜力的时候；正当他准备发挥这些力量，听从它们的召唤，把自己的一生交付给它们的时候，一位夫人派人送来了香气四溢的请柬，于是他又回到了戏院的包厢，和贵妇人厮混在一起，白白地浪费了晚上的大好时光。可以说，他出师不利，刚刚下定决心，他抵御诱惑的意志力就被这位夫人的吸引力打败了。但是，当他在戏院里看那些无聊的戏时，他感到非常愤怒，也非常苦恼。那段时间给他带来了极大的痛苦，以至于他最后竟然对身边这位迷人的夫人产生了憎恨的感觉。

于是，阿尔费里决定采取具体行动，就是在他与权贵之间设立出一道不可超越的障碍。他坚决地把象征着他高贵出身的粗发辫剪掉。没有了辫子，他就会为此而害羞，不再出门了。然后，他又用绳子将自己捆在了椅子上。虽然他坐在椅子上仍然心神不定，几乎连一行字也看不进去，尽管他还是特别想到他的心上人那里去，但是因为他的身体不能动弹，头上的发辫也没有了，他就只好静静地待在屋子里面。

靠着那句“坚持，不懈地坚持，全力以赴地坚持”，维托里奥·阿尔费里才使自己得到了自由，并把自己从无所作为和沉沦毁灭的深渊中拯救出来，最终成了一位千古留名的伟人。

我们希望通过意志教育带给孩子的就是这样的东西。我们希望他们将自己从令人类堕落的虚荣心中拯救出来，专心致志，充实地生活，从事伟大的事业，奋斗下去，从而成为一位伟人。

让孩子在潜能中发展自己的意志

需要注意的是，这种充满爱的热情和希望，常常容易让我们去庇护孩子。这样对他的成长并没有好处。难道孩子就没有能力拯救自己吗？有！孩子全心全意地爱着我们，用他们小小的心灵所具有的包容的热情感染着我们。不只是这样，他们还有一种可以控制自己内心生活的东西，那就是自我发展的潜能。

这种潜能会引导孩子去触摸并熟悉一些东西。而我们是怎么做的呢？我们对孩子说："别碰！"孩子到处跑动，是为了可以走得更稳健，而我们却对孩子大吼："别跑！"孩子向我们提问题，是想要获得知识，可我们却会不耐烦地回绝孩子："别烦！"就像戏院包厢里的那位可爱的夫人对待阿尔费里一样，我们只是把孩子放在身边，看管着他，让他听话，给他几件他根本不喜欢的玩具。而他们的感觉也会像阿尔费里感到无聊后所想的一样：为什么我深爱的人想把我毁掉？为什么她要用任性来让我感到痛苦？难道这只是因为我爱她？！

所以，孩子如果要拯救自己，就一定要有像维托里奥·阿尔费里那样坚强的心，但孩子通常都不具备。我们常常发现不了孩子成了牺牲品，也意识不到我们在毁掉他。我们凭借拥有的权力，用命令去要求他这样做、那样做。我们一方面热切地期待着孩子能够长大成人，可另一方面我们却又不让孩子成长。

很多父母在读维托里奥·阿尔费里的故事时可能会想，他们的孩子会更加有出息，因为他们的孩子不需要自己去设置障碍（比如剪头发、用绳子把自己捆在椅子上等）而抵制诱惑。他们希望孩子依靠一种精神力量来抵御诱惑。富于幻想的父亲肯定不会问自己：为了让孩子变得坚强，为了让孩子达到更高精神境界，我都做了什么事情。他很可能正是摧残儿子的意志、使儿子完全服从自己意志的人。

我呼吁，天下的父母和教育工作者们，不要阻碍儿童的发展，你们的主要任务是保护和指导儿童能力的发展。

◆

第 19 章 智力与儿童自由

◆

让儿童成为智力活动的主体

教育儿童就必须让他们的机体处于运动的状态，这是使儿童获得自由的关键。

只有怀着某种智力目的、自由地四处走动的儿童，才能使自身不断得到完善，他们也一定能自由地发展内在人格。儿童只有在某种智力目的的支持和引导下进行活动，才能持之以恒地做好事情。反之，他们就无法获得良好的内部发育，也无法获得显著的进步。

当我们渐渐地控制住自己，不再对孩子指指点点；当我们把孩子从成人的影响下解放出来，置于适合他们成长的环境中时，他们将极大地增强对自身智慧的信心！于是，他们会主动地进行一些具体的活动，比如，洗洗手和脸、换换外套、打扫房间、掸掉家具上的尘土、铺铺地毯、摆放桌子、种植花草、照看动物，等等。他们会在感官材料的吸引或指导下，自主选择对自身发展有帮助的工作。这类感官材料也会促使他们区分事物，进行选择和推理，不断完善自我。选定了要进行的工作之后，他们就会坚持不懈地去努力行动。

这一转变既能让孩子的内在不断发展，又会成为他们继续前进的一种强大推动力。在这种环境下，他们会使自己的工作从简单慢慢过渡到复杂，同时，令自己的身心受到陶冶。他们就是通过自己大脑里形成的内部秩序和获得的技能来培养自身性格的。

我们说让孩子自我发展，是指让他们的智力得到发展，而不是像人们普遍认为的那样把他们交给本能。本能是指像动物一样具有的那种最原始的东西。这就是为什么我们总是习惯性地用对待狗或家畜的方式对待孩子的根源。这是一种错误的观念，会产生一定的误导，让我们在谈论一个自由孩子的时候，觉得他就像一条汪汪乱叫、又蹦又跳、到处偷吃东西的小狗。因此，人们也习惯性地把孩子的反抗、挣扎和他们为了让自己摆脱屈辱境遇而发明的保护手段视为本能的表现，并认为他们的这种行为就像野兽一样野蛮。

可是，想一想我们对孩子都做了些什么！我们一开始就把他们比作植物和花朵，等到他们稍微长大一些，又想尽办法让他们像植物一样安静，努力使他们的感官像植物的感官一样，强迫他们成为我们的奴隶，服从我们的处置和摆布。我们这样对待他们，他们怎么可能长成一株像我们所希望的“散发着天使般花香的植物”呢？这样只能让他们不断丧失人类的本性，直到死亡。他们身上会明显地表露出人性逐步退化的迹象。

而反过来，当我们让孩子成为智力活动的真正主体，情况就彻底不同了。

智力是解决自由问题的关键

要想对孩子进行智力培养，使他们可以自觉自主地投入智力活动，我们就要赋予“自由”新的含义。

我坚定地认为，解决人类自由问题的关键就是智力。令人感到遗憾的是，近几年来，人们对自由有一种偏见，就是只要求解决“思想自由问题”，这把我们的社会弄得十分混乱。有人认为，人类要想获得解放，就必须“退回”到最原始的自由思想中，这跟如今流行的“给孩子自由”的误区有相似的地方。但问题是，这样的“自由思想”能实现吗？这样的“自由”时代不就意味着大脑神经的退化吗？不就是把社会权益交给了那些“文盲”吗？

让我们举例来说明。如果让一个病人在健康和疾病之间进行选择，他有多大的自由度可言呢？如果让一个没有文化的农民在有利可得的投资和无利可得的投资之间进行自由选择，他将如何进行选择呢？如果他选择的是后一种投资，那他就是“自由”地上当受骗了；如果他选择的是前一种投资，那也不是因为他拥有自由选择权，只是运气好罢了。只有当他获得了足够的知识，能把有利可得和无利可得的投资区分开时，才真正称得上自由。也只有在他形成这种“内在力量”之后，他才能真正实现自由。

简单地依靠外部的“社会约束力”，是不能达到自由目的的。如果人的自由不过是简单地释放自己的本能，那就很好办了。我们只要颁布一道法令：让瞎子能看到东西，让聋子能听到声音，让这些可怜的人恢复健康，那不就解决所有事情了吗？然而，事实能够这样吗？

我想，总有一天，人们会意识到：自我学习是人的一种最基本的权利。作为一个人，只有实现这一点，我们才不会受到压制和奴役，才能在所处的环境中自由地选择自身发展的方式。总的来说，只有接受教育，我们才能找到与自己个性相符的解决社会问题的基本方法。

智力发展的特征

孩子的成长和发育过程已经给了我们生动的启发，那就是，智力的发育是揭示他们成长秘密的关键，是打造他们内心世界的方法。认识到这一点后，智力卫生学就显现出了极大的重要性。当智力被视为培养孩子的重要因素、孩子生活的支柱时，人们就不会再任它随意消耗，或者不分情况地压抑和禁锢它了。

现在，人们总是过于关注孩子的身体和附属于身体的部分，比如牙齿、指甲、头发等。可是我相信，在不久的将来，人们一定能够更加清楚地了解儿童的智力，更加慎重地对待儿童的智力。当然，我们非常清楚，通向文明的道路是十分漫长的。

什么是智力？我们打算先不把智力的定义上升到哲学的高度进行探讨，而是要思考一下促进心智形成的映像、联想和再创造活动的总和，并且把心智跟环境联系起来。根据英国心理学家贝恩的理论，感知差异是智力活动的开始，大脑的第一步发展就是对差异进行辨别。感觉就是感知和发觉外部世界。智力形成的最初活动就是，收集材料，然后把这些材料进行区别。

我们应该对智力进行尽可能精准、清楚的分析。展现在我们面前的，标志智力发展的第一个特征与时间有关。很多人都认为，“反应快”是聪明的同义词。对某一刺激马上做出反应、联想灵敏、判断迅速，这些就是智力最显著的外在表现。是什么促使人做出这种“迅速的反应”？它跟人的一系列能力有关，包括从外界接收信息、精心编织意象和把内心思考的答案表达出来等。

促进智力发展的方法

要想促进智力的发展，可以用一套类似于感觉体操的系统方法进行训练。具体的操作方法是：收集大量的感觉材料，让它们彼此间建立起相互联系，并做出一定的判断，经过一段时间，就可以形成自由展示这些东西的习惯了。

对此，心理学家提出建议，应该加强行为过程和联想过程之间的渗透性，使“反应期”缩短一些。通过肌肉运动来反映智力情况，就要求其中的动作表现不仅要更加完善，而且要更加迅速敏捷。我们说一个孩子聪颖，不仅是指他能对事物进行理解，而且还要能做出迅速的反应。学习同样的东西，如果一个人要比别人花更多的时间，那他的反应就是比较迟钝的。人们议论那些“反应敏捷”的孩子时，经常会说“什么都逃不过他的眼睛”。的确，他的注意力总是非常集中，时刻准备着接受各种刺激。就像高度灵敏的天平对轻微的重量变化也会有所反应一样，聪慧敏感的大脑，也能对那些具有细微吸引力的东西做出反应。同样，这种孩子的联想也产生得十分迅速。我们形容他们这方面的能力时，常常会说“他一眨眼就明白了”。

孩子的主要活动都可以通过感官练习得到激发和加强。我们可以让孩子的感官跟刺激物进行适当的分离，从而让他们的意识获得清晰的知觉；我们可以让他们敏锐地感觉到冷与热、粗糙与光滑、重与轻、声音与噪声的差异；我们可以让他们在安静宁谧的环境中闭上双眼，等待一种细微纯净的声音发出召唤……

所有这些练习的目的就是：让孩子感觉到外部世界仿佛在敲打他们的心门，唤醒他的精神活动。根据我的经验，当各种感觉跟环境融合在一起时，它们就能产生协调的相互作用，同时加强已经被唤醒的活动。比如，当一个孩子正在全神贯注地给图案上色时，如果有音乐相伴，他会选择最美丽的色彩来着色。当一个孩子身处优美的校园之中，被令他心旷神怡的鲜花环绕时，他会放开最美妙的歌喉，唱出动人的旋律。

儿童的自我教育

儿童开始进行自我教育后，会表现出以下特征：他们的反应会变得更加迅速，更有准备。以前，那些从他们身边溜走的感官刺激物，根本没有引起他们注意，或者只是引起了他们的一点点兴趣。现在，这些刺激物却能被儿童强烈地感知到。而且，他们能很轻易地发现事物之间的联系。在他们运用这些事物的时候，如果出现了差错，他们马上就能察觉，并迅速做出判断，纠正差错。正是在这种“感觉体操”中，儿童完成了原始而基本的智力训练，唤醒了自身的中枢神经系统，并让它保持运动。

这些反应迅速、活力充沛的孩子对最轻微的刺激都能表现得很敏感。他们时刻都准备着飞快地奔向我们，还能够集中注意力去对待所遇到的东西。当我们看到这些情景时，我们就会不自觉地把他们跟那些普通学校里反应迟钝的孩子进行比较。那里的孩子总是动作缓慢，对刺激物反应淡漠，缺少自发联想的能力。

进行这种比较的时候，我们就会自然地用今天的文明跟以前的文明进行对比。比如，今天的社会环境比过去的更加舒适：以前马车曾经是主要的交通工具，现在我们已经开始乘坐汽车或飞机旅行了，我们比过去更节省时间了；以前人们交流的方式是靠写信，现在我们主要通过电话进行联络；以前人们在战争中一般都是一对一地相互残杀，现在战争冲突常常成为危及成千上万人的大屠杀。所有这些都让我们感到，人类“文明”的进化并不是建立在“珍惜生命”或“珍惜灵魂”的基础上的，而是以“珍惜时间”为基础的。我们实实在在地从外部感觉到了文明的发展，机器转得更快了，经济的发展也更快了。

但是，人类自身并没有跟上文明的发展步伐，个人还不能有条不紊地实现自我的发展。在这个变化多端的复杂环境中，孩子还不能随时处理自己面对的各种问题，还不能充分地利用人类在外部环境上的进步来为自身服务。虽然我们已进入了一个文明社会，但是我们的精神却一直受到欺骗、受到压抑！

如果人类不努力改造自己，让自己同所创造的这个新世界和谐相处，那么总有一天，人类会被这个新世界压垮，甚至被彻底摧毁。

孩子对这个世界做出的反应，不仅表现为思维快捷和外表聪颖，它既跟训练有关，也与建立相应的内在秩序相联系。对所熟悉的工作进行有组织、层次清晰、条理分明的再安排，这本身更能说明智力的形成过程。

总之，秩序是一个人能迅速做出反应的关键所在。思维混乱的大脑很难对某一知觉对象产生正确的认识，这并不比写一篇推理性论文简单。无论对于整个社会还是具体的某个人，能够让他实现迅速发展的正是组织和秩序。

◆

第 20 章
智力发展的特征

◆

3岁孩子的思维

智力的重要特征之一就是“能对不同的事物进行区分”。从工作的角度来讲，区分就是对身边的事情进行安排；从生活的角度来看，区分就是为“创造”做好准备，而创造需要有秩序地进行。《创世记》为此提供了一定的依据。上帝是不会在没有准备的情况下进行创造的，而他所进行的准备工作就是在混乱之中建立起秩序。他分开了光明和黑暗，然后说，让江水会聚在一起，让陆地出现。

意识中可能包含非常丰富多样的内容，可是，如果一个人的思维是混乱的，他的智力活动就会陷入停滞的状态。智力的闪现就如同点亮一盏明灯一般：“让世界充满光明吧！”它会让你在这个世界中辨别是非，所以我们能够大胆地说，促进一个人的智力发展就是帮助他将意识中的种种意象进行井然有序的分类。

我们不妨回想一下，一个3岁的孩子在面对这个世界的时候，他的真实状态是什么样的。他会因为一下子看到了那么多的东西，而感到眼花缭乱、疲惫不堪，甚至昏昏欲睡。可问题是，他身边的人却想不到，儿童还有走路这种实际的工作需要去完成；这些人也不会想到，在儿童的器官还没有得到协调发展之前，成人应该经常纠正儿童在感官方面所犯的错误。所以，在无可奈何的情况下，这个孩子因为受到过多刺激物的压迫，就只好采用哭闹或入睡的方法来应对了。

3岁孩子的思维是极其混乱的。他就像一个收藏了大量书籍的人，横七竖八地把这些书堆在一起，并感到非常困惑："这么多书，我该怎么办？"他什么时候才能把这些书摆放整齐，然后自豪地说"我拥有一座图书馆"呢？

感觉训练让孩子学会分类

我们可以通过"感觉训练"，让孩子学会区别和分类。实际上，我们对感官材料的分析和描述表明了事物的大小、形状、颜色、重量、温度、味道等方面的性质。尽管这些相互分离的性质是由物质代表和呈现出来的，但对于我们的区分行为来说，重要的不在于物质本身是什么，而在于物质的性质。我们能找到一系列同等数量的对应"物"来描述长与短、厚与薄、大与小、热与冷、重与轻、粗糙与光滑，以及红黄绿等特性。

这种分类的工作对于秩序的建立具有非常重要的意义。事实上，事物的特性既存在质的不同，又有量的差异。这些事物可能高一些或低一些，厚一些或薄一些，形状可能在不同的程度上有近似的地方，粗糙或光滑也不是完全绝对的。

供儿童进行感觉练习的材料应足以达到区分事物的目的。它首先应该让孩子在大量的比较和分析练习中确定两个刺激物的特征。然后，当儿童的注意力被引向一系列外部事物——光明与黑暗、长和短时，他们就能感知到其中的差异了。

最后，儿童会开始对不同特征的差异程度进行区分，按照一定的顺序排列一系列相关的物质。

目前，除了根据事物的特征对它们进行区分以外，我们还没有其他的切实可行的办法，所以这种分类工作就必然同每件事的基本安排顺序具有一定的关系。于是，世界对孩子来说，不再是一团混乱了。他们的思维就会变得有点儿像图书馆或收藏丰富的博物馆里那些井井有条的架子，东西都各归其类、各就各位。他们学到的知识不再只是被简单地“储藏起来”，而是被适当地进行“分类”。其中的基本顺序绝对不会被打乱，只是在不断增加新的材料来对它进行充实和丰富。

秩序的意义

孩子在获得区分事物的能力之后，就奠定了智力发展的基础。从这时候起，儿童就开始“认识”周围的事物。当他们激动地发现天空是蓝色的、手是光滑的、窗户是长方形的时候，他们其实并没有发现天空，也没有发现手，更没有发现窗户，他们只是发现了这些东西在大脑中的顺序和位置而已。这就决定了儿童内心个性的稳定与平衡。

这种稳定平衡就像协调身体功能的肌肉，能促使身体保持平衡，获得进行各种运动的稳定状态和安全状态，能够带来镇定和力量，也为新的尝试提供了可能性。

一座安排得井井有条的博物馆，会为参观者带来很多方便，让他们用更少的时间和精力获得更多的资料。可见，秩序能帮助我们节约时间和精力。拥有了秩序，孩子就可以在更短的时间内对来源于周围事物的刺激做出反应，可以完成更多的工作，而且不感到疲惫。

根据头脑中已经建立的牢固秩序，对外界环境中的事物进行区分、归类和编排，这是智力的表现，同时也是对精神的一种陶冶。如果一个具有一定教育基础的人能够通过作品的文风辨别出作者，或者可以辨认出某一时期的文学作品的共同特征，我们就可以断定这个人“精通文学”了。同样的，如果一个人通过某个画家使用颜料的方式判断出作品的创作者，或者根据浮雕的片断判断出雕刻家所处的年代，我们就可以说这个人“精通艺术”了。科学家也属于这种类型，他们观察事物，然后能够详尽、恰当地评定这些事物的价值。这样，事物特征之间的不同就得到了清楚的感知和归类。比如，科学家通过井然有序的思维来区分事物。秧苗、微生物、动物或动物残骸对他们来说都不是什么谜，尽管这些东西本身对他们来说可能也是陌生的。化学家、物理学家、地质学家和考古学家也是这样的。

文人、科学家和鉴赏家并不是只靠积累相关事物的直接知识而培养出来的。他们之所以成为专家，是因为他们在头脑中建立起了一定的知识体系。相反的，没有受过教育而对事物只有直接经验的人，他们可能只能成为一个秉烛夜读的太太，或是一个一辈子在花园里进行区分植物的实际工作的园丁。因为缺乏一定的教育，这些人的经验不仅混乱无序，而且还局限在他们直接接触的事物之中。而科学家却能够对事物的特性进行分门别类，可以识别所有这些事物，并且能随时随地确定它们的类别、它们相互之间的关系和各自的起源，所以他们就能发现比事物更加深刻的事实。

现在，我们的孩子正在像艺术鉴赏家和科学家那样，根据特征对外界事物进行辨别和归类。他们对一切都具有敏感性，所有的东西对他们来说都具有价值。相反的，无知的人即使从艺术品旁边经过，或者听到古典乐曲，也不懂得去欣赏。同样，没有受过训练的孩子对一切都无动于衷。

直观教学法对思维的帮助

目前，一般的教学法和我们学校常用的教学法恰恰是相悖的。他们的教学法首先把自发性的活动排除在外。他们把各种事物的特征一同直接介绍给孩子，并期待孩子能够不需要指导就能按照顺序进行编排，并抽象出这些特征。于是，这些教学法就人为地在儿童身上制造出了混乱状态。

通用的直观教学法是把某物展示出来，并且记下它的所有特征（也就是说对这个事物进行描述）。这并不是什么新兴方法，只不过是常见的“感官”记忆法的另一个版本罢了。不同的是，这种教学法并不描述某一个想象中的东西，而是描述人们眼前的东西；它不是通过想象来进行描述，需要人的感官进行参与。这样做的目的是为了让某个事物与其他事物的不同特征能更好地被记住。被动的大脑只能局限在接收眼前事物的信息和杂乱无序的表象上。然而，每个事物都可能具有无限的特征，正如在实物课上，如果我们的目的从头到尾都集中在实物本身的各种特征之中，那么我们的大脑就必须对此加以综合思考。

比如，在给孩子上课讲授关于咖啡的直观知识时（我曾在一个幼儿园听过这样的课），老师对咖啡进行描绘，把孩子们的注意力吸引到咖啡豆的大小、颜色、形状、芳香、味道和温度上。如果这时老师再继续描述咖啡树以及前人怎么漂洋过海把咖啡豆运往欧洲，然后点燃酒精灯，煮开水，研磨咖啡豆，制作咖啡饮料，学生就会被弄得晕头转向，而咖啡本身却并没有得到详细的讨论。我们还可以继续描述咖啡具有的兴奋神经的作用、从咖啡中能够提取咖啡因，等等。这样的分析就像溢出的油一样四处蔓延，发挥不了任何作用。如果我们向经过这样指导的孩子提出问题：“咖啡到底是什么？”他们很可能会这样说：“这说起来话长，不过我记不起来了。”这些模糊的概念充斥着孩子的大脑，只会让他们感到筋疲力尽，完全不能让他们积极地展开类似的联想。孩子所做的顶多是努力回想咖啡的历史。如果他们的头脑能够展开联想，那也只能是近似的次要的联想：他们可能会心不在焉地想象被横渡的海洋、想象家中每天放咖啡的桌子，等等。也就是说，一旦他们的思想任凭自己摆脱连续被动的联想，他们懒散的头脑就会进入胡思乱想的状态之中。

这样的孩子常常陷入幻想之中，缺乏内在思维活动的迹象，更不用说具有什么个性特征了。适应直观教学法的孩子，他们的头脑往往易于接受各种各样的新观念，或者变成不断填入新东西的仓库。

如果让孩子像观众那样用静观的方式获得某种事物的意象，再力图让他们认识事物的本质，却不让他们参与到关于这个事物的任何活动之中，那么这个孩子的头脑就不会把这一事物同其他事物联系起来，进行思考。比如，这些事物之间有什么共同的特征或相似之处？它们是否具有相同的用途？

当我们根据相似性去对不同事物进行联想时，应该先从总体中提取这些事物所具有的共同特性。例如，当我们说两块长方形的匾很像，我们已经首先从匾的众多特性中提取出了它们在许多方面的特性——它们都是木制的，都经过推刨，都是光滑的，都上了色，都具有相同的温度，以及它们的形状很相像，等等。这可能又会让我们联想到一连串的事物，如桌面、窗子等。可是，在得出这样的结论之前，我们的大脑还应该从这些事物的众多特征中抽象出长方形的特征。大脑必须具有灵活性。它分析事物，并从中提取出某种共同特性，然后在共同特征的指导下对众多的事物进行综合分析。如果不能从众多相关的事物特征中提取固有的特征，那么以比较、综合为基础而展开的联想和更高的智力活动都是不可能实现的。联想其实是一种智力活动，因为智力的根本特性并不是“摄取”物像，然后像相册一样把它们一页一页地保存起来，或者像铺路石一样，一个挨一个并排摆放。这种储藏劳动的方式实在是对智力的一种浪费。

智力与它独特的逻辑思维和辨别能力足以将事物的重要特征区分和抽象出来。智力就是在这些特征的基础上进一步活动，并构建起自身的内部体系的。

今天，我们的孩子所接受的教学法对他们的思维提供了帮助。他们已经在对事物特性的分类方面具有了条理性。他们不仅要根据自己对事物特性的分析来进行观察，而且还要对事物的相同、不同和相似之处进行归纳。这项工作能让他们识别出某一事物不同方面的特性。比如，注意某些物体在形状和颜色方面的相似之处对儿童并不困难，因为“形状”和“颜色”已经被分成非常清晰的类别。然后，他们又通过这些“形状”“颜色”等相似特征联想出一连串的物体。这是一种用相似类推的方法产生的联想，具有很强的机械性。或许我们的孩子会因此得出推论：书是菱形的。如果他们的头脑中不是早就有了菱形的概念，那么他们要得出这个结论就要经过一个极为复杂的思维过程。再比如，白纸上印上黑字，装订成册就成了书。孩子就会在类似的思维活动中得出结论：“书是印上了黑字的白纸。”

选择是一项不可或缺的基础活动

个性的差异正是在积极的活动中表现出来的：一个孩子注意到窗帘是淡绿色的，而另一个孩子注意到窗帘很柔软；一个孩子注意到手是白皙的，而另一个孩子注意到手的皮肤很光滑。窗子在一个孩子的眼中是长方形的，而在另一个孩子的眼里却是一种能够透过去欣赏蔚蓝天空的东西。孩子对主要特征的选择同他们内在的性格保持着某种一致性，是一种自然的选择。

同样的，科学家会选择对自己的联想最有用的特征。一位人类学家也许会选择根据大脑的形状来区分不同的人种，而另一位人类学家可能会选择肤色——不管运用哪种方法，都能够得出相同的结论。或许每一位人类学家对人类的外部特征都有十分精确的认知，但重要的是，要找出一个能够用于分类的基础特征。也就是说，人们找出的这个特征可以作为依据，使人们根据类似特征对数量众多的人进行分类。纯粹实用的人会从功利的角度而不是科学的角度来看待人类：帽子制造商只会关注到人们头的大小，而不会在意人们的其他特征；演讲者只会从人类对口语感受的角度来思考人类。

选择是一项不可或缺的基础活动，有了它，我们才能将一个计划从模糊不清转变为实际可行，从理想转变为现实。

世界上的任何事物都有其自身的特性和局限性。我们的心理感觉机制是建立在选择的基础之上的。感官具有什么样的作用呢？难道它只对固定的一连串颤动产生反应，对其他事物都不予理睬吗？如果是这样的话，那我们的眼睛就只能看见光，耳朵就只能听见声音了。所以，在形成思维内容的过程中，首先应该经过必要的限制性选择。同时，思维还会对感官可能的选择进一步加以限制，它以内部的选择活动为基础，再形成某种具体的选择。这样，注意力就被集中在特定的目标上，而不是所有的事物上了。意志也就能从众多的可能行动中选择必须完成的一项。

◆

第21章
选择是一项高级的智力活动

◆

选择与天性

世界上的所有事物都有其特性和局限性。人的心理感觉机制就建立在一种选择的基础上。在思维内容形成的过程中，首先是由人的感官对各种信息进行选择，然后思想再对感官所做出的选择进一步加以限制。具体的选择就是以这种内在的选择活动为基础形成的。这样，我们的注意力就能集中在特定的事物上，而不是所有的事物上。通过意志的活动，我们就能从众多的可能行动中选择必须完成的行动。

高级的智力活动就是按照上述方式进行的。智力在人的注意力和内在意志的作用下活动，提炼出事物的主要特征，进行意象的联想，然后形成意识。在这个过程中，它会把大量造成事物之间关系模糊混乱的因素去除。每一个健全的大脑都能去粗取精，舍弃多余的东西，使那些独特的、敏感的、清晰的、重要的东西留存下来，特别是，它会保留那些有助于创造的东西。没有这种独特的活动，智力就不能称为智力了。如果一个人的注意力不能集中，他在确定某一行动时也会犹豫不决，意志不坚定。这样分散的注意力只会让他走马观花，对什么事情都不能深入钻研。

在生活中，如果不对所接收的信息进行限制，我们就不能认识事物。每种生物都有自己的“形式”和“范围”，这是世界上最神秘的一条法则。我们的内在活动只是让这种限定更加明确和集中，也正因为如此，我们的内在活动才能够挣脱原始的混沌状态，得到不断的雕琢和改造。

这是我们对一个事物形成概念并进行判断和推理的基础。在我们观察了圆柱体的许多特性之后，就能从中得到一条结论：圆柱体是一种支撑物。圆柱体还有很多其他特性，比如，它是坚硬的，而这条结论是建立在对圆柱体的各种特性进行选择的基础上的，也就是从圆柱体的其他许多特征中提取出来的一个特性。具备了这种选择能力，我们才能够进行推理。正如我们之前曾经讨论过的，意志力的培养就是通过训练使个体的冲动和抑制两种力量达到平衡，直到形成习惯。同样，对于智力，个体也需要在外力的引导和帮助下，进行联想和选择的自我训练，直到其能对各种观点和选择加以限定，从而培养出独具特色的“智力习惯”，并在这种内心活动的过程中，形成我们的个人倾向。

让智力永远处于探索之中

理解和研究别人的推理跟自己进行推理具有本质的区别，这是毫无疑问的。根据一个艺术家平时对色彩的兴趣、协调感和表现形式来研究他对外部世界的看法，与我们自己从某一点来观察外部世界，并以此为基础进行艺术创造，有着本质的区别。

一个只是学习和仿照别人的人，他的头脑中只会储存着类似阿基米德难题的答案、拉斐尔的艺术作品、地理和历史知识，等等。他的大脑就像小贩的杂货篮一样混乱，没有轻重主次之分。相反，同样的事物如果不挤放到一个狭小的篮子里，而是摆放在一间宽敞明亮、井井有条的房屋里，它们就绝对不会显得杂乱和无序。一个有条不紊的头脑必然比一个把知识当作垃圾一样堆放的大脑能收获更多的东西。这样的大脑就像一个井然有序的房间一样，各种知识按照用途分门别类地放好。

同样，如果别人把他们对一件事的解释强加给我们，跟我们自己主动去“理解”完全不一样。这就像一幅雕塑在松软的蜡上的作品只能给我们留下短暂的印象一样，它跟一幅被艺术家雕刻在大理石上的艺术品之间是存在差别的。

一个主动去寻求理解的人会觉得自己的意识是解放的，而且能感到自己身上有某种东西在闪烁光芒。对于这类人来说，他们理解事物的时候也正是开始认识事物的时候。有时候，这会让我们的生活出现崭新的变化。

可以说，在我们人类的各种情感中，也许没有什么情感会比智力情感更加丰富的了。一个对世界有所发现的人，一定会享受到人类的最大快乐。退一步来说，一个能对世界有所“理解”的人，也将获得比别人更为高尚的享受，他可以以此战胜世间许多痛苦和悲伤。的确是这样，如果一个不幸的人可以冷静地弄清自己遭受折磨的原因，他就能得到解脱和拯救。他就能在混沌不清的黑暗中找到一丝安抚自己的智慧之光，而且他还能在黑暗之中找到脱身的方法。举例来说，一条狗可能会在主人的坟墓前悲伤地死去，而一位母亲却能在爱子的坟前坚强勇敢地活下来，二者的差别就在于后者有理智的帮助。跟人相比，狗显得缺乏理智，它会死去，就因为智慧之光没有照进它的黑暗世界，不能消除它的悲伤。

智力活动能让我们同世界建立起一种联系，能帮助我们深受创伤的心变得平静。这种感受是无法从一位教授枯燥乏味的课程中感悟到的，也不可能通过背诵某位专家的理论而获取。因为教授和专家并不关心我们的苦难，所以我们只能从崇高的智力活动中得到这种感受。当我们说“理智一些”，或者说“信仰产生力量”时，我们指的就是应该让智力永远处于探索之中，然后自由地完成培养和拯救我们灵魂的重任！

想想看，如果我们真的能够通过智力活动把自己从死亡的边缘拯救回来，它将给我们带来多大的快慰呀！

头脑开窍

我们有时候会评价一个人“头脑开窍”，这是因为我们觉得他富有创造力。在头脑开窍的过程中，他能更积极地理解情感，这属于精神活动的范畴。

我认识一个幼年丧母的女孩。她非常反感老师在课堂上进行那种乏味枯燥的教学，甚至到了不能理解课堂知识、不想上学的程度。其实，是缺乏母女情感的生活加重了她大脑的疲劳感。

于是，父亲把女孩带到了乡下，让她在那儿像野人一样生活了一两年，然后又把她带回镇上，还请了几位教授来给她当家庭教师。可是，虽然付出了这么多努力，女孩还是处于疲劳被动的精神状态。她的父亲感到非常担心，他经常对女儿说：“你的脑子什么时候才能开窍呢？”对此，孩子总是无奈地说：“我不知道。”

一个偶然的机会，爸爸把女儿托付给了我，由我单独照顾。我当时还是医学院的一名学生，就用自己的教学法对她进行实验。

一天，我们正在一起学习有机化学，女孩突然使劲儿盯着我，眼睛闪闪发亮，忍不住高喊着：“我开窍了，我理解了！”然后，她站起身来，一边跑一边叫：“爸爸，爸爸，我的脑子开窍了！”她拉起父亲的手说：“我现在能告诉你这是什么意思了，我的脑子开窍了。”眼前的情景让我感到非常惊讶，因为那时候我还不知道这个孩子的经历。

那位父亲和女儿当时那兴奋的情景让我非常感慨：我们因为智力受到压抑，而在生活中失去了多少乐趣和欣喜啊！

事实上，孩子在智力上取得的每个进步都能让他感到快乐。一旦获得这种快乐，他们就不会再留恋蜜饯、玩具，他们的虚荣心也会随之消退。有了这些变化，他们在旁人眼里才会显得了不起。

而且跟我们常见的那种歇斯底里的傻乐相比，这种快乐是一种高层次的快乐，一种有别于动物的快乐，一种能把我们从悲伤和黑暗的孤独、寂寞中拯救出来的快乐。

如果有人指责我们这种提高孩子快乐层次的方法，那么这方法本身不会受到影响，受伤害的会是这些孩子。他们之所以对此加以指责，根本原因是他们把孩子看成了牲畜，在他们心里，孩子的快乐只是满足于贪嘴、玩耍，甚至其他更糟糕的事情。实际上，这些快乐都不可能在孩子心中持续很久。只有当他感受到作为“人的快乐”时，他才会像前面那个宣布自己已经走出多年缺乏生气的阴暗生活的女孩一样，感到自己的生活是那么愉快。

我们从孩子身上所看到的这种“转折点”，就是他们在智力方面的天才表现。这通常发生在他们发现了某个真理的时候！这代表了一种自然的心理生活！这种天才的表现是一种充满活力的人生的表现！只有这样，一个人的人生才能以自己独有的个性，展示出人类的真正天性。

我们发现，孩子积极塑造自己个性的历程跟我们熟悉的天才所经过的历程是相同的。他们全心投入、全神贯注，不受外界环境的干扰，而且他们努力的程度和坚持的时间跟精神活动的发展是一致的。就像天才的努力一样，他们的这种专心致志也不会没有结果。它是智力发展的源泉，是使思维能力得到快速提高的源泉，同时也是各种外部活动表现的源泉。

所以，在我们看来，天才就是挣脱了束缚自身发展的锁链的人，是使自己获得自由的人，是在众人面前坚守自己认定的“人性标准”的人。

学会深思

要想培养这种专注精神，一个人还应该学会“沉思”。我们都有这样的体验，大量地、连续不停地读书，可能反倒会削弱我们的思维能力。不断重复地背一首诗，一直到把它牢牢地记在心里，这些都不是“沉思”。

背诵但丁的诗歌跟沉思赞美诗中的含义完全是两回事。背诵但丁的诗只能“装饰”人的头脑，这些诗顶多只是在人的头脑中留下一点儿印象，而对诗歌主体进行沉思却能够产生改造人和启发人的作用。沉思会让你力量更强、心灵更健康、思维更活跃。

我们认为，“沉思”是培养孩子天性的途径，因为没有比这更好的方法能让他们这么持久地全神贯注，并且可以促进他们内心逐渐成熟。一个有自己目标的孩子具备一种强烈的内在生活需求，他们会努力地对它进行培养和发展，让它成为一种习惯。在这种追求中，孩子会不断地成长，实现自己智力的协调和发展。所以，一旦孩子学会了沉思，他们就踏上了通向进步的光明之路。

在经历了沉思的锻炼之后，孩子才会乐于进行安静的练习。之后，他们会努力做到行动时不发出声响，表现得举止优雅，陶醉在专注的精神所带来的愉悦之中。

这类练习巩固和加强了孩子的个性。孩子会越来越习惯于用正确的方法去认识外部世界，然后自觉地运用这种方法进行观察、推理和判断，并修正意识中的错误。从这时候起，他们将会自觉地活动，主动选择并坚持自己的工作，从环境中获得保持专注的能力。他们会根据自己的内在动力进行活动，不受任何外界的干扰，包括老师和年龄较大的孩子的影响。就算有人威胁这些刚被引入生活正轨、仍然幼稚无知的孩子，他们也不会害怕。

◆

第 22 章

天才的秘密

◆

天才的发现

在多年的观察与实验中，我发现正是儿童揭示了生活的普遍规律。而在此之前，只有少数精英才能意识到这一规律。同时，儿童也揭示出了社会对他们施加的无意识压抑。这种无意识的压抑让人类背上了重负，也使他们的心灵受到了伤害。

我曾经把这种感受告诉给一位见多识广的女士，她对我的理论非常感兴趣，希望我把它写成一篇富含哲理的文章，并将其发表。但是，她却不能接受我正在进行的实验。当我和她谈到孩子的时候，她就表现得有点儿不耐烦了："啊！关于孩子的事我都明白。从智力方面来看，他们是天才；从道德方面来看，他们是天使。"我还是不甘心，一再劝说她到我们的学校来看一看。最后，她终于同意了。在参观完我们的学校并和孩子进行交流以后，这位女士显得非常激动，她紧握我的双手，满怀诚意地对我说："赶快把这些都写出来，马上拿去发表！想想看，人不知道什么时候就可能死掉，现在还不赶紧动手，说不定以后只能把这些发现带进坟墓！"

通过仔细研究那些天才的大脑活动，我们会发现，虽然他们以自己的努力为人类创造了新式的思维方法，成为我们创造幸福和推动社会发展的新动力，而与此同时，我们也不能不承认，他们的这些劳动并不是什么让人望而生畏的非凡工作。贝恩说过："天才的最基本特点就是他们具有很强的相似联想能力。"如果进行同样精确的观察和运用大多数人都能进行的简单推理，我们都能有所发现。而要想有所发现，还必须对事实进行整理。然而，人与人的差别就在于，这类事实只能被发现者“发现”，其他人却把它们忽略了。

可以说，天才有一种在意识上把事实分离出来，然后把它同其他东西区别开的能力。就像一间黑屋里照进来很多束光，但只有一束光会落在宝石上一样，天才就是落在宝石上的那束光，他们的思想会在意识领域掀起巨大的革命，并为全人类做出伟大、卓越的贡献！

在这里，我们要强调的是，天才做出惊人发现的决定性因素是他们在同一领域对事实进行的分离，而不是所发现的事物本身有多么独特的价值。开采矿产品的人都知道，珍宝就藏在一堆看起来不显眼的普通物质之中。它整天都被堆放在那里，却从来没有人去注意。同样的，当真理被发现之后，许多人才恍然大悟：这不就是我们早就知道而且一直在运用的道理吗？其实，不是真理本身一下子变得价值连城了，真正让它变得有价值的是那个认识了真理并将真理付诸行动的人。

当然，新发现的真理并不是早就存在于人的大脑中，它是人们经过智力劳动获得的产物，而且有些真理还需要经过一些挫折才会被社会所认可和接受。

刚开始，真理通常都会受到排斥，被称为奇谈怪论。一种新鲜的观念进入人的大脑，往往需要一定的时间，需要智力的配合与协调。哥伦布曾提出：“如果地球是圆的，那么人从某一点出发，一直向前走，就一定能回到原来出发的地方。”这正是他智力劳动的成果，他为人类发现了一片新大陆。有人可能会说，这块陆地正好处在哥伦布的航线内，他遇见的是一片陆地而不是死亡，这是他的幸运罢了。然而，上帝有时就会对这种“带有灵性的推理”进行奖赏。

当然，哥伦布能取得这样的成功，除了进行超出常人的智力劳动外，还因为他有英雄的胆识。他历尽千辛万苦才说服了别人为他提供船只和船员，帮助他完成伟业。而使哥伦布坚持到最后、获得胜利的，是他的信念。

伏特发现电的过程也能给我们很大的启示。有一次他的妻子发高热，伏特就按当时流行的治疗方法给她配制了退热药——带皮的青蛙汤。那天正下着雨，当他把死青蛙挂在窗户的铁棒上时，马上发现了青蛙的肌肉在收缩。这位伟大的发明家当即做出推论："死肌肉还能收缩，说明有外力对它产生了作用。"为了寻找这种外力，伏特做了大量的实验，终于在地场中得到了电。这位"天才"得出的一个如此简单的推论，就给世界带来了"电"这么伟大的发现。

可见，对一个不起眼的发现进行严谨而不带丝毫幻觉的思考，然后在此基础上，把精力集中在关键的问题上，这就是人类取得一项伟大成就所要经历的过程。

伽利略也有类似的发现经历。当他站在比萨教堂里时，正在左右摆动的吊钟引起了他的注意，伽利略发现了钟摆摆动的时间是相同的。这对人类非常有价值！钟摆不仅让人类开始计算时间，也成了天文学家计算宇宙的开端。

牛顿发现万有引力的经过看起来也很简单。他注意到苹果从树上掉下来时，就问自己："苹果为什么往下掉呢？"就是这个问题让他发现了重力理论，并提出了万有引力定律。

当我们去研究瓦特的生平，也会禁不住发出感叹。他不仅是一名物理学家，还是一位心理学家、数学家。英国和德国的大学都曾授予他荣誉称号，他为人类做出了卓越贡献，为自己赢得了丰功伟绩，这一切都只不过是因为他发现了被水蒸气推动的壶盖。"蒸汽的力量能推动壶盖，也一定可以推动活塞，所以蒸汽能成为机器的动力。"于是，一个小小的壶盖变身为推动人类社会进步的魔杖，极大地方便了人类的工作和出行。

智力也需要支持

我们的大脑所遇到的障碍越大，就越会浪费智慧之光，它的力量也会被大量地分散、消耗。这既会造成大脑推理活动受阻，也会使它看不清事实。

举一个错误明显的例子：

早在古希腊时代，人们根据经验判定："石头是从天上降落下来的。"在古老中国的编年史中也有陨石坠下的记录。到了中世纪和近代，有关陨石降落的记载就更加常见了。可让人觉得荒唐的是，1492年降落的那颗陨星竟然被马克西米利安一世当成了基督教世界对奥斯曼帝国发动战争的借口。从资料记载来看，最大的一块陨石是1751年掉在亚格拉姆附近的那一颗，大约40千克，现被收藏在维也纳矿物博物馆里。一位德国著名学者曾经对这件事深有感触："那些对自然历史一窍不通的人，可能相信铁会从天上掉下来。可是到了1751年，德国一些受过教育的人还确信铁会从天而降呢！由此可见，人们对于自然历史和物理是多么的无知啊！"

1790年，一颗陨石落在了法国西南部的塔斯肯尼地区。许多人目睹了这一奇观，还向巴黎科学院呈递了一份由300个目击者签名的官方报告。可科学院的回答却是："收到这样一份关于这么荒诞不经的事件的正式报告，真让人哭笑不得。"

几年后，声学的奠基人契拉第里公开承认了这一现象，他相信陨石的存在，可是他却被指责为"对自然法则一无所知，是一个不顾及自己的言行会对这个道德世界造成极大危害的人"。甚至有一位著名学者为此发出了咆哮："即便陨石从天上掉在我的脚下，我也不会相信！"

这种怀疑比圣托马斯的怀疑还要固执。圣托马斯只是说："除非我摸到它，我才会相信。"摆在我们面前的就清清楚楚地是重达10千克或40千克的铁块，完全能摸得着，可这位学者却说："就算我摸得着，我也不相信。"

心理学很少讨论对事实视而不见的状况，在教学方法上，我们更是这样。许多事实本已得到大家的认同，例如，没有内在注意力的配合，刺激对于感官的召唤就无法产生作用。把这样的实验多次重复进行后汇总，它就成了我们的一种常识。要让我们看见某种物质，首先要把它摆在我们面前，而且我们还必须把意识集中在这种物质上，也就是说，一种让我们接受刺激印象的内在过程是不可或缺的。

这种情形也会发生在一个更加崇高、纯洁的精神领域。如果一个人的思想没有意念相伴，事物就无法顺畅地进入意识之中，而不管他的思想多么澎湃、强烈甚至奇特，都无济于事。我们认为，意识不仅要处于自由状态，还应该充满“期待”。一个思想混乱的人是无法在毫无准备的情况下接受突然降临的真理的。没有信念，不论事实多么明显地摆在我们眼前，我们对它的解释或阐述都只是白费力气，因为让心灵向真理敞开的是信念而不是证据。如果一个人的内心没有打开门接纳真理，作为媒介的感觉对此也无能为力。

现在，我们正处于一个实证主义的时代，人们对于自己没有亲手触摸到的东西就不会相信它的存在。所以，我们深深地感到：智力就像精神一样处在危机四伏的环境里，其中也许包含着矛盾或错误，它的作用可能被低估了，甚至还没有被人们察觉到。因为某个没有被注意到的错误，智力可能会引起人的神志昏迷或者致命的心理失常，所以智力也像精神一样需要支持，不然它就会衰竭。

智力所需要的支持并不是感官上的，而是需要得到不断的净化。好在卫生学家已经在建议人们进行身体的“自我调理”，为此，我们花了很多的时间去清理、磨光指甲。我们提倡，“自我调理”应该扩展到一个人的内部，因为这样能够保持身体的健康和完整。

“培养智力”就是为了让智力避免受到疾病和死亡的威胁。当然，我们不能对智力的工作进行强制，导致它筋疲力尽，否则我们就不是在培养智力。今天是一个神经混乱和疯人成群的时代，我们处在一个自我标榜的健康人群中，鄙陋的习俗对人类健康和发展的威胁仍然令人震惊。因此，我们应该有节制地关注孩子，不要任意强迫他们去学习，应该让他们的心灵永远沐浴智慧之光。

◆

第 23 章
想象可以创造奇迹

◆

现实是想象的基础

科学的创造性想象以现实为基础。如果在一个世纪前，我们就对那些坐马车赶路的人和那些使用油灯的人说：有一天，纽约市的夜晚会灯火辉煌；人们在海上遇到危险的时候，可以发出陆地上的人所能理解的求救信号；人们能够在空中飞翔，甚至比鹰飞得还要快……我们的先辈们肯定会耻笑我们是在痴人说梦。

换句话说，在当时的环境条件以及人们的认知水平下，他们不可能想象出这些事情来。现代人与古代人的一个最大的差别，就是现代人能在实证科学的基础上进行想象，而古代人却只能借幻想来预知世界。人类在认识上的这个进步，已经把整个世界的面貌大大改变了。

当我们的想象与现实相结合的时候，我们的思想就开始进行工作并改变着外部的世界。在这个过程中，一种伟大的力量——创造力驱动着人的思想，使其有如神助，去创造世界。

就是在实证科学方法的引导下，我们现代人才找到了思维的暗道，并且创造出了无数的奇迹。这正如《圣经》所说："让我们照着自己的形象、自己的样式去造人吧。"

想象创造的奇迹

人类的智慧也在不断地创造着梦想。当我们的思维说："让世界充满光吧！"于是，世界上就立刻现出了神奇的光辉。当我们的思维说："让人类在天空中翱翔吧！"它的愿望又变成了现实，而且人还做到了比宇宙中所有的飞禽飞得都高。当我们的思维说："让遇难水手的呼救声被陆地上的人听到吧！"它果真又实现了，水手的救命声神奇地传到了遥远的岸边。当我们的思维说："让世间的万物不断繁衍，让植物枝繁叶茂，让我们人类的生活更加富庶吧！"这愿望也实现了，我们建立了一个物质极其丰富的社会。

事实上，从人类诞生的时候起，想象就存在了，并与现实开始结合。那时候，想象就开始创造奇迹。可是，我们的大脑有时候会脱离现实，忘记了创造力应当借助现实来进行思维，任凭自己的思维进入凭空的幻想中，于是致使人类在许多活动中把更简单、更易于理解的手段同目的混淆在了一起。因为把手段同目的混为一谈，造成了我们的一事无成。这样的例子在我们的日常生活中举不胜举，例如，我们经常用增加营养为借口而贪食，把简单地满足食欲当作最终的目的，这样不仅不能使身体健康，反而会损害身体。

还有，在物种繁殖方面，当人们只是把性生活作为满足性欲的最终目的而不是延续生命的手段时，就会出现性功能的退化甚至不育的现象。如果人类只是为了自己的目的而进行创造性的活动，而没有用创造性的活动去造福世界，那么人类就对智慧犯下了罪行。如果只是满足于此，我们所创造出来的世界就将只是一个阴差阳错、虚无缥缈的世界，它无法成为永恒的珍品，而且这样只会破坏现实中原本存在的创造力。

幸运的是，实证科学让我们能够对思想加以洗礼，让心力的自然法则得以回归。正如《圣经》故事中的人物带着一大串葡萄到来，并使所有看到葡萄的人都非常惊讶一样，当今的科学家也深入到了真理的希望之乡，在那里窥见了大自然的奥秘。当他们从那里归来的时候，为我们带来了各种神奇的果实，给所有的人观看。

其实，这里的奥秘非常简单，它就是为我们提供了一套谨慎、耐心地进行观察的精确方法。每个人都可以去探索奥秘，因为神奇的奥秘是与我们精神生活直接需要的东西一致的。这种实证科学方法让人类迈上了收集事实、认识真理的道路，也让人类踏上了建构自己想象的道路。在当今的世界，所有的人都应当接受科学方法的熏陶，应该让每个孩子都亲身参与实验、观察，让他们与现实紧密联系在一起。这样，他们那想象的翅膀就可以在更高的基点上起飞，他们的智能也可以被很自然地引向创造之路。

创造性的伟大工作

艺术想象的基础就是现实。我们的智力活动并不局限于进行精确的观察和实行简单、合乎逻辑的推理，它还要进行更为伟大的工作。

当然，我们凡人所进行的这项工作不能同但丁、弥尔顿、歌德、拉斐尔、瓦格纳这些非凡的神奇人物相比较，因为他们都是旷世奇才，都具有非比寻常的观察、推理、想象的能力。可是，我们每个人都有自己的想象力，也具有以自己的头脑去创造美的本能，从而创造出各具特色和风格的艺术品、器具、诗歌以及民间音乐。随着这种本能的发展，一座巨大的艺术宝藏就形成了。这个心灵世界创造出来的多样化世界会像彩虹色的贝壳里的软肉一样包裹着人类，从而保护人们的精神需求。

除了进行有形的、现实的观察工作之外，我们还会进行创造性的工作，使自己远离尘世的喧嚣，进入一种更高的境界。我们每个人在自己的能力范围之内都能进入这种境界里。

可是，人类不可能凭空地把艺术品创造出来。根据我们的观点，所谓的创造，其实是一种组合，一种在大脑中进行的、基于各种原材料的构造。这些原始材料是通过感官从周围收集来的，正如一条自古以来的公理所说的：我们的所有才智无不先存在于感官之中。对于那些没有呈现在我们感官面前的东西，我们是不可能“想象”出来的，因为我们的意识常常被限制在经验的范围之内，在解释那些超越经验的事情时，我们的语言总是显得很贫乏。就算是想象力那样丰富的米开朗琪罗，也只能把上帝画成一位威严的胡须老人。而那些生来就看不见、听不见的人是不可能对他们从没有知觉的事形成具体概念的。

人们都知道，一个生来就看不见东西的人会把颜色比作声音，从而猜出颜色。例如，在他们的想象中，红色是喇叭的声音，蓝色是小提琴的美妙旋律。耳聋的人在读到对美妙的声乐的描述时，就会联想到典雅而美丽的画面。并不是所有的器官都能够为想象提供等量的服务，而是某些器官往往占据着优势的地位。例如，音乐家的听觉就十分敏锐，他们会倾向于用听到的声音表现世界。

对一位伟大的作曲家来说，夜莺在一片静谧的树林里的鸣叫声，雨水在宁静的乡间的滴落声，都可能会成为他灵感的源泉。对于不同的作曲家来说，他们的感受也是不同的，有的作曲家能够从静谧或喧嚣等角度来以声音描述一片景色；有的人则因为视觉敏锐而侧重于事物的形状和色调；还有一类人具有触觉方面的优势，便会从运动、弯曲、事物的原动力以及柔和或粗糙等角度来反映事物。

无论如何，想象是建立在感官的基础之上的，所以感官教育就成为我们观察进入这些事物和现象的基础。这样的感官教育能够帮助我们从外部世界收集想象的各种物质材料。富于想象力的创造同现实联系得越紧密，它同外部世界就联系得越密切，从而创造的价值就会越高。即便是在虚构的超人世界中，想象也会被限定在与现实相联系的范围之内。

我们陶醉于像《神曲》这样的优秀文学作品，因为在这部作品中，伟大诗人的头脑中充满了极为丰富的素材，他将这些素材进行比较，阐明了自己想象的东西，使文中的比喻非常丰富多彩，奇妙至极。伟大的作家和演说家常常能把丰富的想象同观察到的事实紧密联系在一起，于是我们把他们称为天才，这正是缘于他们的想象力丰富，他们的知识渊博，他们的思想清晰而敏锐。

比喻仅仅局限在实实在在的人和物。这种标准，也就是比喻的这种方式，为人们的大脑所进行的创造提供了一定的规范。一个富有想象力的作家也一定要占有丰富的感观材料，这些通过观察而得来的材料越精确、完善，作家就越能够创造出丰富多彩的形象。当一个痴人在说梦的时候，如果我们由此就说疯人的“想象”丰富，那我们也真的疯了。他根本就无法正确地感知客观的事物，他缺乏一种能力去把客观的事物同智力结合在一起。

艺术性的创造

富有想象的语言之所以有价值，是因为作者所用的意象新颖而独到，他能够把现实的意象同所创造的意象联系在一起，他所使用的技巧有助于他对那些相关的意象进行联想。如果一个人只是重复进行或完全模仿他人的想象，那么他必定是一无所成。所以，每一位艺术家首先应当成为一位观察家。为了培养想象力，我们建议，每个人首先应该使自己同现实相联系。

对于一个艺术家来说，他在“塑造”人物的时候，并不是依葫芦画瓢，而是在进行一种“创造”，而且这种创造建立在大脑对现实进行观察的基础上。画家、雕刻家的视觉对周围事物的形状、色调十分敏感，他们能够感知周围环境的和谐和相异之处，他们通过观察和分析进而去粗取精，使自己的作品更加完善，直到他们的佳作成功问世。希腊的艺术能够不朽，原因就是那些艺术家的艺术创作建立在深刻的观察基础上。那时候，衣着单薄是一种流行的时尚，因此给希腊艺术家们自由地观察人体结构带来了一种便利。正是由于艺术家们具有敏锐的观察力，他们便能够把美丽的体形同不够协调的肉体区分开来。而有了这些积淀，再加上天才灵感的驱动，他们就对大脑中储存的信息加以筛选，然后进行综合，从而创造出完美的人物造型。为了创作圣母画像，拉斐尔经常光顾罗马的特拉斯特维尔寓所，那里美女如云，拉斐尔在对这些模特进行观察的基础上进行了一定的升华，与自己心中的圣母形象结合在一起，于是完成了千古流传的圣母画像。

据说，米开朗琪罗曾经有段时间整夜遥望星空，一直到天亮。朋友问他看到了什么，他回答说："我看见了一个圆顶。"正是他对天空长期观察，才得到奇妙图案，也才形成了罗马著名的圣彼得圆顶教堂。显然，如果米开朗琪罗没有对素材进行积累，他无论如何也造就不出举世闻名的圣彼得圆顶教堂，他所拥有的过人才智也只会付诸东流。

越是接近真实，艺术就会越完美。比如，当有人赞扬我们的时候，如果他的恭维是针对我们的某一项真实的才能，我们就会感到发自内心的满足，这是因为他的赞扬是诚恳的。他让我们感觉到，他是在对我们进行了观察之后才说出那些话的，那是对我们怀有真诚敬意的一种表示。对于他表达出来的这种友好情意，我们会怀有真诚的谢意。相反，如果他的恭维并不是我们所真正具有的品质，甚至是歪曲、夸大的言辞，跟我们的真实情况严重不符，我们就会非常反感地想：这个家伙真是无聊！对于这样的人，我们只会冷眼相待。

◆

第 24 章
儿童想象力的培养

◆

现实是想象的真正基础

如果说，现实是想象的真正基础，而且一个人的感知能力跟他观察的精确程度有很大关系，那么培养儿童的想象力，使他们能够准确地感知周围事物所必需的材料，就显得非常重要了。另外，让他们在规定的范围内进行推论，对他们进行区别不同事物的智力训练，就为他们建构想象力打下了坚实的基础。这个基础打得越牢，他们的想象就跟某种具体形式联系得越紧密，也就越能同独立的意象建立起符合逻辑的关联。那些夸张或粗糙的幻想不能让儿童走上正轨。我们只有做好充分的准备，才能开掘出一条壮阔澎湃的江河，让智慧的泉水在其中激荡。只有这样，它所涌出的泉水才不会泛滥，才不会损害它内在的美好秩序。

在培养儿童想象力的时候，我们一定不要阻止他们自发进行的那些活动。虽然这类活动有时候会显得微不足道，但我们要做的就是“等待”。我们不要自欺欺人，以为自己可以“创造智能”。这就像我们只能观察和等待小草萌芽和微生物自然裂变一样。除了观察和等待，我们最好什么也不要去做。

我们一定要记住：只要不是虚无缥缈的幻想，不是幻觉或错误，创造性的想象就能够在坚固的岩石上建造起金碧辉煌的宫殿，智力的开发就有了坚实的基础。

人们常常以为，想象力丰富是儿童的一大特点，所以我们应该用特殊的教育方法来挖掘他们特殊的天赋。还有些人觉得，儿童喜欢在不现实的、让人痴迷的世界中畅游，就像原始人类那样，他们总是被动人、超自然、虚幻的东西所吸引。对于这一点，我们要指出的是，其实在任何情况下，这种原始状态都是暂时的，它终将被其他状态所取代。教育孩子应该帮助他们改善这种状态，而不要延伸或发展这种状态，也不要保持这种状态。

我们的确能在孩子身上发现一些跟原始人类相似的特征。比如，在语言方面，他们的表达十分简单，只知道一些表示具体意思的词汇；他们使用词语非常笼统，一个单词常常被用来表达几个目的或者表示几件东西。但是，我们不能人为地限制他们，或者刻意让他们加快速度，过早度过“史前期”。

我们的孩子跟那些永远停留在虚幻状态的人不同，他们属于完全相反的一种类型。他们对伟大的艺术作品非常感兴趣，对科学文明充满热情，他们沉浸在富有丰富想象力的作品中，我们应该为孩子智慧的形成创造有利的环境。在智力的发展尚不明朗的阶段，儿童自然很容易被那些奇妙的幻想所吸引。我们不能否定他们。孩子是我们的未来，他们应该超越前人。为此，我们不要过分限制孩子想象力的发展。

婴儿的创造性想象

现在，婴儿大脑的创造性活动已经被视为童年时期的重要活动。人们普遍认为它是一种创造性想象。在这些活动过程中，孩子表现出对感兴趣的东西具有想象力的特征。

我们都看到过这样的情景，孩子骑着父亲的手杖，感觉像骑着一匹真正的马，这就证明了孩子具有丰富的想象力。还有一个例子，当一群孩子用椅子建造一辆带有扶手的豪华四轮马车时，他们感受到了极大的快乐。造好以后，有些孩子仰靠在“马车”里，心情欢快，想象着车外是迷人的景色和激动的人群，他们仿佛身临其境一样，向欢呼的人们鞠躬致意。另外一些孩子坐在椅背上，在空中“挥舞鞭子”，抽打着想象中的烈马。这又一次体现了儿童具有想象力。

但是，那些富家子弟拥有真正的小马驹，或者已经习惯了在马车或轿车里进进出出，当他们遇到上面的情境时，就会用轻蔑的眼光看着那些兴高采烈、东奔西跑的孩子，他们无法理解这些穷孩子的举动，而且还会用语言来讽刺他们：“他们太穷了。他们这样做是因为他们没有马，没有马车。”

我们不能为了教育富家子弟，而把他们的马驹牵走，给他们一根手杖。我们也不应该阻止穷人的孩子对手杖或马车进行幻想。当一个穷人或乞丐潜入富人家的厨房，他闻着扑鼻的香味，想象着自己正一边吃着面包，一边享受着丰盛的菜肴，谁又能阻止他这样幻想呢？同样，当一位穷困潦倒的母亲把仅有的一片面包分成两块，分两次递给她深爱着的孩子时，她可能会说：“这块是面包，这块是肉！”孩子就真的会心满意足地以为自己在吃面包的时候也吃到了肉。

有人曾非常严肃地问我：“当一个孩子不停地用手指在桌上比画着，想象自己是在练琴时，我们真的给他提供一架钢琴，这到底是好事还是坏事？”“为什么会是坏事呢？”我反问道。“因为如果我们这样做了，孩子确实能学会弹琴，但他的想象力就无法像原先那样得到锻炼了，这该怎么办好呢？”这样的担心确实有一定道理。

福禄培尔设计的一些游戏就有这样的问题。比如，递给孩子一块积木，告诉他：“这是一匹马。”然后，把积木按一定的次序摆好，对孩子说：“这是马厩。现在我们可以把马放进去。”之后再把积木重新排列，跟他们说“这是一座塔”“这是一座乡间教堂”……这类练习所使用的是积木，就无法像前面例子中被当作马匹的手杖那样容易引起幻想，孩子可以一边骑着手杖向前移动，一边抽打手杖，这会让他们产生丰富的想象。而用之前被称为马的积木去搭建塔和教堂，会让孩子的头脑变得混乱。更为严重的是，在这种情况下，进行创造性想象的、用头脑工作的已经不再是孩子了，因为他们只是在根据老师的提示去做而已。孩子是不是真的会认为马厩变成了教堂？他们是不是在开小差？谁也不知道。这时，他们不得不努力琢磨老师所提示的一连串的电影式意象，而这些意象只存在于大小相同的积木之中。

我们在这些还不成熟的头脑里到底培养出了什么呢？在这种教育方式下，有人真的把树当成了王位，来发号施令，有人甚至相信自己就是上帝。这种错误的知觉会造成其后的错误判断，还可能引发神经错乱。就像精神病人什么也干不了一样，那些欲望没有得到满足的孩子，会表现得狂躁不安，他们不能为别人和自己做任何事情。

不能以轻信为基础培养孩子的幻想

成人发展儿童想象力的时候，总想运用一种让孩子把虚幻当成现实来接受的方法。比如，在拉丁语国家，成人是这样给孩子讲圣诞节的故事的：一位名叫比瓦娜的丑女人翻过围墙，从烟囱钻到了屋子里，她把玩具送给那些听话的孩子，而淘气的孩子就只能得到煤块了。盎格鲁—撒克逊族人把圣诞节的故事讲述成另外一种情景：一位全身落满白雪的老人挎着一大篮子玩具，在夜晚进入孩子的房间，把玩具发给睡梦中的孩子。这种方法怎么能培养起孩子的想象力呢？故事所表现的是成人的想象力，而不是孩子的想象。他们只是相信而已，这里并没有想象的空间。我们会这样对待孩子，就是因为我们只需要孩子轻信我们。

轻信的确是那些还没有成熟的头脑的一个特征。孩子没有足够的经验，也不具备现实的知识，所以还不能准确分辨真理与谬误、美丽与丑恶、能与不能。可是，难道我们成人因为他们处在无知、不成熟的年龄阶段，就企图在他们身上培养轻信吗？这是完全错误的。

仔细想一想，我们成人也有轻信的毛病，这是在跟智慧作对。它不是智慧的基础，更不是智慧的结果。只有在愚昧的状态下，轻信才会萌芽、增长。我们把愚昧看成是轻信的标志。

在17世纪，有一个流行的故事，非常具有讽刺意味：

那时候，巴黎的新桥是供人们行走的通道，也是人们休闲、集会的地方。于是，很多江湖骗子和庸医也混杂在那里。其中有一个江湖医生名叫马里奥罗，他在那里兜售一种号称来自中国的药膏。他向人们吹嘘说，这种药膏能够把眼睛变大，把嘴巴变小，把短鼻子变长、长鼻子缩短。为此，当地的萨丁警长把这个江湖医生拘捕起来，并进行了审问。

“马里奥罗，你是怎么引来这么多人，进行招摇撞骗的呢？”

“先生，”马里奥罗回答道，“你知道一天当中会有多少人经过这座桥吗？”

“1万人吧！”警长回答。

“那么，先生，你有没有想过，他们当中又有多少是聪明人呢？”

“100个差不多吧。”警长说。

“这是最乐观的估计，”骗子对他说，“就算是这样吧，我还能够在剩下的9900个人中找到机会啊！”

当然，现在的情况可以说比那时候强多了，现在的聪明人比过去多，容易上当的人也少了。但更重要的是，教育不应该让人变得轻信，而应该带给人们智慧。谁要把教育建立在轻信的基础上，谁就是想在沙漠里建高楼大厦。

人们逐渐地积累经验，变得思想成熟，轻信就会随着慢慢消失。如果能得到正确的指导，人们就能远离轻信。大到国家，小到个人，随着文明的进步，人们必定会一点点降低轻信的程度。人们常说的“知识驱走了无知的黑暗”，就是这个意思。在无知的地方，幻想最容易飘摇不定，因为它缺少一种支柱，无法上升到更高层次的文明。难道我们要把轻信作为基础，来培养孩子的幻想吗？当然不是！我们不希望看到孩子总是那么轻易相信别人告诉他们的一切。

其实，当我们发现孩子“不再相信神话”的时候，我们会发自内心地高兴，还会为此称赞他们：“你已经不再是个孩子了。”这种情形本来就应该发生，它是我们共同的期待。孩子不再相信神话的日子一定会到来。

孩子慢慢地长大，我们应该问问自己：“在孩子成熟的过程中，我们究竟做了些什么？我们为他们脆弱的灵魂送去了什么样的帮助？我们让他们成为正直坚强的人了吗？”没有！事实上，我们在运用种种方法令孩子保持幼稚、天真和充满幻想，反而是孩子自己克服了困难。他们既战胜了自己，也战胜了我们。他们在自身内在发展与成熟的动力指引下行动，动力趋向哪里，他们就到达哪里。他们甚至可能会对我们说：“你们把我们折腾得真辛苦啊！我们自己成长的任务就已经相当艰巨了，你们还要来压制我们！”事实不就是这样的吗？

比如，要婴儿紧咬牙关，这样牙齿就长不出来，而我们把没有牙齿视为婴儿的特征。再比如，不让婴儿站起来，因为我们觉得婴儿就是不能站立的，等等。还有，我们甚至让孩子那贫乏的、不准确的语言阶段变长了。我们没有去帮助他们聆听词语的清晰发音，观察嘴唇的变化而反倒去模仿孩子的幼稚语言，重复他们的一些笨拙的发音，比如，大着舌头发辅音，或者把辅音发错。这样做会带来非常严重的后果，它相当于延缓了孩子本来就极其艰难的形成期，让他们又退回到疲惫的婴儿状态。

不仅这样，在想象力的教育上，我们也扮演了同样的角色。当头脑幼稚的孩子还处在幻想、无知和错误的状态时，我们往往对他们很感兴趣。比如，我们看到婴儿被抛起时就非常高兴，还有当我们给孩子讲述的圣诞故事获得了他们的轻信，我们就觉得很有成就感。我们就像贵妇人一样，表面上好像对收容所里那些贫穷的孩子很关注，内心里却是另外一种声音：“如果没有这些可怜的孩子，怎么显得出我们生活的愉快。”我们也可以说相似的话：“如果孩子们不再轻信，我们的生活会缺少很多乐趣！”

我们只是为了自己高兴，就人为地阻止了儿童的 个发展阶段，这样做是犯罪。这就像在那些野蛮的国家，有些人的身体成长受到了人为的限制，被迫成为供国王娱乐的侏儒。

可能有人会觉得这样的比喻有些耸人听闻，然而事实就是这样的，只是我们没有意识到罢了。如果成人能控制自己，不再人为地让儿童的幼稚期延长，还给他们自由自在的成长，而且称赞他们在成长道路上所取得的每一个进步和奇迹，我们就为儿童的发展和完善做出了贡献。

给孩子自由发展的空间

要想真正培养婴儿的想象力，我们首先就应该让他们在生活的环境中成为主人，或者运用从事实中得来的知识、经验来充实自己的头脑，让他们在此基础上自由地成长。只有给他们自由发展的空间，他们才能展示自己的想象力。

我们可以从最贫穷的孩子开始进行这项工作，因为他们一无所有，热切盼望着他们最不可能得到的。这就像穷困潦倒的人希望腰缠万贯，受压迫的人梦想登上王位一样。因此，一旦这种处境中的孩子有了属于自己的房间、扫帚、橡皮、陶器、肥皂、梳妆台和家具等，他们就会非常高兴地照看这些东西。而且，在得到这些他们期待已久的东西后，他们的欲望就会变弱，过上一种平静的、使自己内心丰富的生活。

有了真实的财富，孩子才会平静下来，这样能够减少他们在无益的幻想中消耗的宝贵精力。一位根据我说的方法去做的孤儿院老师曾经请我去参观孩子实际生活训练的过程。我去了，同去的还有一些教育界的权威人士。当我们到了现场，一些孩子拿着玩具，坐在小桌子旁，正在给玩具娃娃摆放桌子，为娃娃吃饭做准备。可是，我们发现孩子们面无表情。当我惊讶地看着那位邀请我来的老师时，她竟然一点儿也没有察觉到。很明显，在她眼里，假想的生活与实际的生活是一回事，孩子们在游戏中摆弄桌子吃饭与现实生活没有什么差别。这种在孩提时代灌输给儿童的错误认识，会渐渐发展成为他们的一种精神态度。

一位意大利著名教育学家曾经责问我：“难道自由还是一件新鲜事吗？请读一读夸美纽斯的著作吧，你会发现，早在那个时代，他就讨论过这个问题了。”我是这样回答的：“是的，很多人都讨论过自由。但跟他们不同的是，我所说的自由是一种真正意义上的自由。”也许这位教育学家在听了我的话之后，还是没有明白我所说的这两者之间有什么差别。如果我再补充一句：“难道你不认为一个谈论百万财富的人跟一个拥有百万财富的人是不同的吗？”他就不会再有异议了。

一个满足于假想的人，会把假想的东西当成真实的存在，他总是追求幻想，不愿承认现实。这种现象非常普遍，而更可怕的是，人们竟然还没有意识到。实际上，想象力总是存在的，不管它是不是建立在坚实的基础之上，是不是有构筑起来的材料。而差别就在于，如果想象力没有建立在现实和真理的基础上，它就会成为阻碍智力发展、遮蔽真知之光的消极力量。

正是因为这个错误，人类已经并正在失去多少时间和精力啊！没有事实作为支撑的想象，就像没有目的的工作一样，它让人消耗体力直到病倒，消耗智力直到着魔。

多数情况下，学校是一个呆板、阴沉的地方。灰白色的墙壁、白棉布的窗帘，都会影响学生感官的放松。学校打造这种压抑环境的目的，就是为了让学生聚精会神地听教师讲课，避免他们因为外界的刺激而不能集中注意力。每天，孩子们就这样一小时一小时地在教室里静静地坐着，一动不动地听老师讲课。他们在画画时只能照葫芦画瓢地模仿，他们进行的活动必须遵照别人的指令，对他们个性的评定完全根据他们的服从程度。

正如克拉伯雷迪所说：“我们的教育在用一大堆对孩子行为没有丝毫指导意义的知识来压迫他们。在他们已经没有心思听讲的时候，我们还要强迫他们去听；在他们已经无话可说的时候，我们还要强迫他们进行作文与演讲；在他们已经失去好奇心的时候，我们还要强迫他们去观察；在他们已经不想再去发现的时候，我们还要强迫他们去推理、论证。我们总是强迫他们做这做那，但是却从不征得他们的同意。”

当孩子用眼睛阅读、用手写字、用耳朵听老师讲课的时候，就像受苦役一样。他们的身子坐在那儿一动不动，可他们的脑子却没有进行认真的思考。他们不得不一个劲儿地跟着老师的思路转，虽然老师的依据是教学大纲。但是，这些教学大纲只不过是随意设计出来的，没有考虑到孩子的兴趣。于是，那些漂浮不定的意象就只能像梦境一样，时不时地呈现在孩子的眼前。老师在黑板上画上一个三角形，然后把它擦掉。这个三角形只是暂时代表一个抽象概念的视觉形象。那些从没有亲手拿过实体三角形的孩子就必须努力记住三角形的形状。

在孩子能发现事物之间的逻辑联系之前，对他们的思维要多加训练。围绕着这个三角形，许多抽象的几何计算又接二连三地到来。这样的图形只会使孩子一无所获。它不能同其他事物相结合而被感知，它永远无法成为灵感。

孩子应该先有内心生活的创造，然后才能把它表达出来。为了创造，他们需要自然地从外部世界吸取“建筑材料”。在他们能够发现事物之间的逻辑联系之前，对他们的思维要多加训练。我们一定要为孩子提供他们内心生活所必需的东西，然后让他们自由地进行创造。只有这样，我们才会看到一个双眼闪烁光芒、边走边思考、充满灵气的儿童。

我们必须关心和爱护做出这样努力的孩子。如果创造性的想象力姗姗来迟，那说明孩子的智力还没有发育成熟。这时候，我们不能强迫孩子进行想象的创造，那样做就等于给孩子戴上了一副假胡子，而实际上，男孩到了20岁才会长出真正的胡子。

◆

第 25 章

不要像“襁褓”一样裹住孩子

◆

孩子的环境是为孩子布置的

生物科学已经证实了环境对生物具有重要的影响，唯物进化论也指出：环境戏剧性地影响着物种的繁衍和生物的形态，使它们发生改变甚至变异。我们不可能去证实所有的理论，但是法国昆虫学家法布尔的研究却有力地印证了这一结论。法布尔对昆虫生存环境的研究，为我们进一步认识和了解昆虫生命的发育过程提供了依据和帮助。在生物研究的过程中，我们也认识到，只有在自然环境下进行观察和研究，才能透彻地了解生物。

至于人类和环境之间的关系，与其说是人类适应环境，还不如说是人类创造了一个适应的环境。人们总是生活在社会环境之中，其中总有一些特殊的精神力量发挥着重要的作用，从而构成了社交活动的种种关系。如果一个人不能适应他周围的环境，他就无法学会了解自己，也不能正常发挥自己的潜能。新式的教育理论正是注意到了这一点，才呼吁人们重视培养孩子的社会生活能力，鼓励孩子学会与人相处，并将此作为其理论的核心之一。

然而，现在的孩子们都生活在成人的世界里，他们根本找不到可以适应的环境。这对孩子人格的发展具有很大的影响。最常见的例子就是，孩子身边的物品跟他们的身材比例相差很大，使他们无法对环境中的事物产生认同感，更无法很好地完成自然的成长和发展。

而环境失衡对孩子产生的重大影响，不仅仅是因为物品尺寸大小的差异，还因为他们在这种不适宜的环境中无法自如、顺利地行动。一个动作灵活敏捷、技术娴熟的杂技演员，如果发现别人想模仿他的动作，一定会觉得那人不自量力。因为在他的心中，根本没有人能够达到自己的水平。如果那个人还硬要试着一步步地跟着他的动作学习，这位杂技演员一定会失去耐心。我们对孩子的态度是不是也是这样的呢？因此，我要向每位母亲提出建议：允许你的孩子在三四岁的时候根据自己的兴趣去做事，允许他们自己梳头洗脸、穿衣服或者吃东西。

如果我们试着在自己为孩子设计的环境中生活，即使只有一天，我们也一定会感到十分痛苦。我们可能也会像孩子那样，将大部分的精力放在为自己的行为辩护上。这样的话也一定会整天从我们的嘴里冲出来："别管我，我不想这样！"最终，我们可能会因为无法找到维护自己的方法而哭出来。而我们也会听到妈妈的责怪："这孩子真不懂事，早上不起床，午睡的时候眼睛闭都不肯闭，还整天说着'不要，不要'，小孩子怎么能这样呢！"

如果母亲能在家里为孩子布置出适合他们身材的环境，去配合他们的心理发展，帮助孩子释放自己的精力，给孩子充分的自由，建构真正属于孩子的环境，我们就能够逐步地从根本上解决一些问题。

同样，学校是为孩子建立的，里面的桌椅等用具也都应该适合孩子的身材和力量，让孩子能够像我们在家里使用家具一样，得心应手地移动和使用这些东西。

下面是一些为孩子布置环境的原则：

● 家具要轻巧，摆设在方便孩子移动的位置上。

● 照片要贴在他们视线所及的高度上，让孩子能够不费力地看到。

● 家里面的东西要让孩子都能够使用，还要让孩子多参与一些家庭的日常事务，比如穿衣服、梳头洗脸、扫地、清理地毯等。

● 儿童周围的物品应该坚固而具有吸引力。

学校的设计应舒适而充满童趣，使孩子乐于在其中学习和生活。

与处在混乱环境中的孩子相比，良好环境中的孩子会具有更多的探索与发现的主观意愿。优美舒适的学校环境与孩子的学习活动之间也必然存在着关联。与处在混乱环境中的孩子相比，良好环境中的孩子会具有更多的探索与发现的主观意愿。孩子对环境的好坏是非常敏感的。

有一天，旧金山蒙台梭利学校的一个小女孩去参观公立学校，她一进教室就发现里面的桌椅上都是灰尘，她对学校的老师说："你知道为什么你们学校的学生宁可让教室这么脏，也不愿意打扫吗？因为他们没有漂亮的抹布。如果不能用漂亮的抹布，我也不愿意去打扫。"

孩子用的家具一定要是能够清洗干净的。这不仅仅是为了卫生，更重要的是，这些家具可以为孩子提供机会，让他们愿意去做家务。孩子会由此逐渐学会关注周围的环境，学会把污渍清理干净。时间长了，孩子就会自然而然地懂得把周围的东西洗刷干净，而保持清洁也会成为他们的习惯。

在属于自己的环境中掌控行为

许多人经常建议我，在桌脚和椅脚下垫上用塑胶制成的防滑垫，以减少移动桌椅时发出的噪声。我觉得能够发出噪声其实也很好，它会让我们了解到自己有没有做出粗鲁的动作。孩子一旦动起来，就会失去秩序性。他们还不知道怎样才能控制好自己的行为。他们在这一点上跟成人不同，因为他们还不能自如地控制自己的肌肉。

在我们的学校里，那些桌子和椅子发出的噪声会把孩子的每一个粗鲁的动作展示出来。正是因为这样，孩子会懂得注意自己的身体行动。

我们的学校还有一些类似于玻璃、盘子、花瓶等易碎的物品。对此，可能会有人提出质疑："为什么要这样做呢？那些玻璃制品肯定会被三四岁的孩子打破的！”在他们眼里，玻璃似乎比孩子还值得重视。而事实上，通过这些事物对孩子进行的身体训练比那些物品本身要珍贵得多。

孩子在真正属于他们的环境中会注意自己的言行，掌控自己的行为举止。在这样的环境里，他们能够改善自身的行为，不需要外来的激发和鼓励。我们能够看到这些孩子脸上露出的喜悦和自豪，有时还能发现他们一本正经的模样。可见，孩子原本是能够自发地改进自己的行为的，而且他们很愿意这样做。

事实上，对于一个3岁的孩子来说，他的人生道路正被各种成长填充。我们应该尽全力去帮助孩子改善自我，成长为一个有用的人。也就是说，我们应该给孩子练习自己做事的机会。因为只有在不断的练习中，他们才能取得发展和进步。就像孩子并不是完全因为觉得好玩而去洗手，他们是觉得自己能够完成这件事情才去做的。孩子发展自身能力的根本是在生活的实践中自己动手。

成人要为孩子做什么

在孩子自我发展的过程中，当他们尽自己的努力将工作完成得越来越好的时候，成人应该做些什么呢？我们经常绞尽脑汁去帮助孩子，结果却总是适得其反地影响了他们自然的发展。

比如，很多学校要把桌椅固定在地板上。孩子们通常很好动，而且他们的动作有时候的确有些粗鲁，但即使桌椅不固定，他们也不会想去破坏它。桌椅固定起来可能显得非常整齐，可孩子却没有办法自然地发展自己有秩序的身体行动了。

再比如，为了不让孩子把碗碟打破，我们可以为他们准备铁制的器皿。可是这样做的结果有时候却更让孩子像着了魔似的要把碗碟扔到地上。我们这些“障眼法”似的做法除了会让孩子继续犯错外，还会阻碍孩子发展。

当我们看到孩子遇到了困难，通常会马上出手相助，帮孩子完成他们要做的事情。我们的脑海中好像有一个声音在说：“你想自己梳洗吗？你要自己穿衣服吗？不必那么麻烦了，有我在这里，我会帮你把所有你想做的事情都做好。”我们本以为这是在帮孩子，是为了他们好，可孩子就这样被我们剥夺了自主权，他们会变得难以相处，而我们则把他们的表现看作“不乖的行为”。

仔细想想，孩子在出生后的前几年是怎样生活的？他们必须待在家里，那里到处是不能打破、不能弄脏的东西。孩子不能动弹，无法在实践中学会控制自己的身体，也不能练习使用各种日常生活用品。他们没有积累生活经验的机会，生命的发展必将受到影响。

还有一些孩子，似乎没有人能够管教得好他们。他们经常心情烦躁、情绪不高，总是不愿意听话地去梳洗。父母对他们也没有什么好办法，于是就不加干涉地随他们去了。这样的家长被公认为非常有耐心、能容忍、对孩子好。但是，这种方法真的好吗？如果大家真的都是这么认为的，那么人们就没有真正理解好的标准。

真正对孩子好不是去包容孩子所有的错误，而是要找到方法帮助孩子避免再犯错误。

我们应该清楚，弱小无力的孩子其实非常需要别人的帮助。对孩子好，就应该努力让孩子在自然的状态下生活和成长；对孩子好，就应该尽全力为孩子提供他们成长所真正需要的东西。这才是真正对孩子好，才是真正爱孩子。

仔细观察处在属于自己环境中的孩子，他们的行为反应让我们发现，孩子会自觉自动地工作，从而把自己的事情做得更好。那我们成人要为孩子做些什么事情呢？——什么都不需要做。

站在孩子的旁边默默观察

当为孩子提供了他们所需要的一切条件后，我们必须做的就是控制自己盲目帮助孩子的冲动，跟孩子保持一定的距离，不要总是去干涉他们，当然也不能漠不关心。当孩子专心地去做他们眼中非常重要的事情时，他们会非常安静，乐在其中地享受属于自己的快乐。这时，我们什么也不需要去做，只需要站在孩子的旁边默默观察他们。

我们的学校正是源于这个理念建立的。在一般的学校里，老师通常在活动中占据主动位置，孩子则被动地参与。与之相反的是，在我们的学校中，老师们都担任观察者的角色，孩子能自觉主动地进行自己的活动。而且，越希望孩子成长发展得更好，成人就越应该只在旁边观察。

我们学校曾发生过一件非常有趣的事情：

有一次，校工忘记打开学校的大门，孩子们不能进去玩耍，都很不开心。后来，老师想到一个办法：“你们可以从窗户进去，可是只有我进不去。”结果，孩子们一个个地从窗户爬进教室去玩，而老师也非常开心地在外面守候着他们。

自然发展、乐于自己动手做事的孩子，是善于合作而又活力四射的。所以，我们应该努力创建能够真正帮助孩子、为他们的成长发展提供锻炼机会的良好环境。请成人放开孩子，暂时离开一下，不要像“襁褓”一样裹住孩子，给孩子适当的自由。这将是教育的一大进步。

◆

第 26 章
家庭中的儿童教育

◆

父母的责任

我们现在已经认识到，绝大多数幼儿教育都是以偏颇的观念和先入为主的成见作为基础的。但是，今天已经有越来越多的人愿意尝试到现场实际观察，并将观察所得的正面看法公之于众。这些以对各个方面的观察所得为基础设计出的教学法，有许多已经获得了成功。这些成果似乎使幼儿教育的方向发生了明显的变化：任何现代的教育方法，在实施之前都必须先观察儿童，都要通过不断的试验总结得到。而这些现代的教育方法最终也应深入到家庭。那时，不但儿童将会以全新的面貌出现，父母也会因此脱胎换骨。

到目前为止，父母在教育孩子时采用的方法不外乎以下两种：纠正孩子的不当言行，让孩子学会分辨是非对错。然而，父母很少能够做到以身作则、率先示范。他们采取的方法大多是以道德上的劝说和口头上的训诫为主的。一旦这些做法都无效，他们就要采用鞭打和责骂的方法了。要知道，在这个以热爱和平、自由、平等著称的社会里，除了父母之外，再没有人能拥有这种用体罚的方式教育孩子的特权了。

但是，父母在拥有体罚孩子的特权的同时，也背负上了双重的责任：一是父母要在没有抵抗力的孩子面前，表现出绝对的权威和说一不二的威严；二是父母必须在行为举止方面做孩子的榜样。

父母都了解，自己在孩子未来的成长中扮演的角色非常重要，是一个具有决定性作用的角色。这就如同一句谚语所说的："推动着摇篮的那双手，掌握了整个世界的未来。"然而，一位母亲，即使她在童年时只靠耐心和练习便顺利学会了最简单的工作，她也不会将这套方法用在自己孩子的教育上。而一位年少得志的父亲，可能也会因为懒得思考如何培养孩子的人格，而不去用心观察孩子。结果，无论是因为自己的疏忽，还是因为已经竭尽全力，甚至是因为过去的经验太空泛、太无趣，很多父母都放弃了自己的重大责任。

当一个纯真的孩子降生到一个家庭时，原本还在相互指责对方缺点的父母，现在突然一下子要成为孩子模仿学习的榜样，这当然是一件困难的事情，因为他们要面对一项新的责任——完美无缺。教育孩子，指导孩子改正缺点，用惩罚的方法让孩子改正错误获得进步，当然最重要的是要通过自己的表率作用教导孩子，这些都是压在父母身上的责任。因为日常生活中存在着许多困难和矛盾，我们无法在此对父母所面对的情境进行仔细讨论。

父母的谎言

首先，我们来探讨一下"说谎"这个问题。

一位好母亲最重要的责任之一就是教育孩子养成诚实的品德。

有一位和我很熟识的妈妈，她想要教导小女儿永远不要说谎。她向女儿描述了许多卑鄙的说谎行为，同时也在女儿面前赞美那些即使遭受责难、牺牲一切也坚持做正确事情的人，以及他们所拥有的勇气和坚定意志。妈妈想让女儿理解，一个小小的谎言最后可能会让人犯下一连串的错误。她还特别向女儿强调，一个身处在幸福、富裕家庭中的人，更应该维护尊严，为那些家境贫苦、没有条件接受良好教育的人树立榜样。

可是这位妈妈自己又是怎么做的呢？有一天，一位朋友打电话邀请她去听音乐会。妈妈一再地推托："哎呀！真不好意思，我头疼得很厉害，实在没有办法去。"电话还没有讲完，她就听到隔壁房间传来一声尖叫，赶紧冲过去，只见女儿跌坐在地上，用双手捂着脸。她赶紧问女儿："亲爱的，发生什么事情了？"女儿哭着回答："妈妈，你说谎！"

女儿对妈妈的信任就这样被彻底瓦解了。从此，这个孩子和妈妈之间竖立起了一道屏障。孩子对成人的社交产生了疑惑，在她心目中具有神圣意义的社交受到了玷污。妈妈费尽心思才让女儿形成诚实的意识，而她却从未反省过自己在日常生活中习惯性的说谎行为。

那些费尽心思想鼓励孩子养成诚实品德的成人，其实常常让孩子被谎言所包围。而这些谎言有时不但已经超越了"小谎言"的界限，还往往都是一些有预谋地用来欺骗孩子的谎言。

提到欺骗，让我联想到一件与圣诞节和圣诞老人有关的趣事：

一位妈妈欺骗了孩子，她告诉孩子圣诞老人真的存在。她对此感到非常的内疚，于是决定向孩子说出事情的真相。当孩子知道自己过去一直都被欺骗后，感到失望极了，他整整一个礼拜都愁眉不展。

这位妈妈在和我说这件事的时候，还难过地流下了眼泪。

不过，类似情况并不一定都会有这么严重的后果：

另一位妈妈也向儿子说了类似的话。男孩听后马上笑了起来。他对妈妈说："哎呀！妈妈，我早就知道世界上是没有圣诞老人的！"

"可是你为什么从来都没有告诉过我呀？"

"因为你每次说到圣诞老人都很高兴呀！"

此时，孩子和父母的角色完全对调了。孩子是一个敏锐的观察家，他出于对父母的爱，为了取悦他们，顺从了他们的心意。

很多父母都认为，孩子应该毫无异议地听从父母的话。不过在另一方面，父母也希望得到孩子的爱。在这方面，孩子也常常成为父母的老师，因为孩子的思想是如此纯真，而他们的正义感又是如此令人吃惊。

有一天晚上，一位好心的妈妈想让儿子上床睡觉。男孩请求妈妈让他将做了一半的事情做完后再去睡觉，但是妈妈不肯让步。儿子只得乖乖地爬上床，可是过了一会儿他又爬起来想要把刚才没做完的事情做完。妈妈发现儿子竟然偷偷溜下了床，就狠狠地批评了儿子一顿。

儿子对妈妈说："我没有骗你啊！我跟你说过我想把这件事情做完。"

妈妈不想再和儿子讲下去，就叫他道歉。可是，儿子还想继续和妈妈理论，想说明他并没有欺骗妈妈，他已经告诉了妈妈，他想把没做完的事情做完后再去睡觉。

儿子解释说："我并没有欺骗任何人，我不明白为什么要道歉。"

"好吧，"妈妈接着说，"我懂了，你原来一点儿也不爱妈妈！"

儿子回答道："妈妈，我真的很爱你，但是我并没有做错事情，我为什么要道歉？"

以上这番对话在我们听来，孩子的谈吐才像大人，而妈妈反而像孩子一样无理取闹。

还有一个例子：

有一位当牧师的爸爸，他的小女儿每个礼拜日都会到他所在的教堂里去帮忙。

一个礼拜日，牧师正在布道，讲的是耶稣的同情心。牧师说："我们都是兄弟姐妹，穷人和遭受苦难的人也同样是耶稣的子民。如果我们希望得到永生，就必须去呵护穷人和遭受苦难的人。"女儿被爸爸布道的内容深深地打动了。

在离开教堂回家的路上，她看到路边有一个小女孩在行乞。那个可怜的小女孩身上还有许多伤口。她跑过去，爱怜地拥抱、亲吻小女孩。

牧师和妻子看到后吓坏了，他们一把拽回了穿戴整洁漂亮的小女儿，一边急急忙忙地拉着她走开，一边指责她的行为。

回到家以后，妈妈赶紧帮女儿洗了个澡，将她全身的衣服都换了下来。

这件事的结果是什么？

事后，女儿再听爸爸布道时，就如同听其他的故事一样，再没有被打动过了。

这类事情在日常生活中非常常见。其实，还有更多数不清的冲突发生在父母与孩子之间，或者说是由成人与孩子之间的不和谐造成的。

父母的高压手段

成人自以为是的态度，以及他们那些错误的、不恰当的行为，其实都被孩子看在眼里。这些潜在的矛盾，总有一天会引起父母和孩子之间的现实冲突。孩子和成人之间存在一道鸿沟，没有人能够跨过。在父母和孩子之间的冲突中，虽然得胜的通常是强势的一方，但是父母依靠强权取得的胜利，往往并不能让他们的小对手信服。因为成人不但做了错事，还采取高压手段让孩子臣服。他们强迫孩子服从自己，以维护自己在孩子面前的威严，为了达到唯我独尊的目的，父母命令孩子闭嘴。他们用这种方式才确保了“和平”。然而，父母在赢得胜利的同时，也失去了孩子原本对他们的信任，并且连同孩子的自然情感和相互信任也一并失去了。

这样一来，孩子内心深处最需要的慰藉无法获得满足，孩子的人格发展会由此产生一系列不良的反应。孩子为了适应成人的不恰当行为，会刻意压抑自己某些生理上的紧张反应，他们日后出现的很多疾病也是由此造成的。这种伤害所引起的不良行为，甚至还会被视为孩子的某种特质。其实这只是孩子的一种自我保护机制，比如，用害羞或故意撒谎来掩盖不恰当的行为等。

孩子的恐惧和说谎一样，也是由被迫屈服和被迫顺从引发的。这种情绪对孩子造成的伤害，远比其他情绪反应更为严重，因为它会使孩子的想象与感觉发生混乱。这种情绪上的混乱常常发生在缺失内在发展机会的孩子身上。

儿童的被动模仿

除了上述问题以外，我们还发现了另一种弊病——被动模仿。孩子一味地有样学样，这与其说是一种自我完善成长的方式，还不如说是走向“堕落”的捷径。因为成长是一种自我的内在工作，光看别人怎么做是无法实现成长的。孩子内心的期望被压抑，就如同深埋在地下的宝矿一样，被永远地掩藏起来，他们永远也无法知道这些期望的真正价值。由于它们永远也无法实现，也不曾有机会被掌控，而且时时存在于孩子心头，因此会一点点地吸引住孩子，并不断地诱惑着他们。

由于成人压制了孩子的自然冲动，孩子做正确事情的能力和发挥正常精力的能力也因此受到了妨害。换句话说就是，在孩子遵循自然法则发展的道路上，成人成了一块绊脚石。在学习上，孩子也因此走了很多的冤枉路，深陷大量的、毫无意义的学习用品和玩具里，在其中打转。孩子原本具有的克服困难的能力，也在不知不觉中受到影响。孩子只好接受自己的命运，顺从成人的指挥。所有的事情在孩子眼中都变得索然无味了。

这些孩子在童年原本都拥有一对翅膀，但在他们振动翅膀准备飞翔时，他们的“翅膀”却被生生地折断了。孩子一旦接触不到自己感兴趣的事物，他们的想象力就会失去自觉性，只能在物质世界里漫无目的地寻找。由于缺乏现实体验，孩子离真实的世界会越来越遥远，他们的生活也会变得偏离正轨，最后只能陷入毫无益处的神游之中。

孩子为了保护自己，他们弱小的灵魂仍然会不停地进行抗争，然而他们只能用躁动、任性、哭闹、发脾气、使性子等消极的方式来表达。孩子故意淘气实际上是他们表达愤怒和反抗的一种形式。这时，孩子消耗掉的不是正常的精力，而是在缺乏想象力时表现出的令人生气的恶言恶行。

此外，这些让人无能为力、疲于管教的“小淘气”，还有可能成为其他孩子模仿的对象。而成人对付这些孩子的办法，就像对付那些无视律法闯入“圣地”的敌人一样。

孩子在和成人的对立冲突中，他们的神经系统首先会受到伤害。现在，很多医生已经开始认识到，孩子情绪失调的首要原因，就是他们在婴儿期曾受到的压抑。孩子在婴儿时代的一些早期表现，如失眠、做噩梦、消化不良、口吃等，大多是由情绪失调引起的。

在孩子出现这些不良表现后，父母会尽心尽力地帮助孩子调整情绪，改善他们性格上的欠缺之处。尽管父母为治疗孩子的疾病竭尽全力，但是要知道，孩子的这些问题其实都是父母造成的。

之所以会造成如此严重的后果，是因为家长错误地将对孩子的压迫视为爱的表现，忽略了孩子的真正需要。

我们一定要解放孩子受压抑的精神，让他们重获自由！只有这样，才能使孩子由此患上的各种病症奇迹般地消失。而剩下的那些没有治愈的疾病，则完全可能是由先天因素引起的。人性的弱点之一就是人们总觉得需要一个权威来告诉自己如何做才是正确的，指引自己走入正途。

当我们克服了上面这些困难后，也要避免走入另一个极端。虽然新一代的父母能够做到让纯洁天真的孩子自由地发展，但是父母千万不能将教育的自由偏颇地理解成放纵孩子。如果父母有这种错误的认识，将会使孩子觉得受到忽视，绝大多数孩子都会因此而产生情绪上的问题。在这里，我无意制定新的原则，只是想归纳出一些结论。但是，在应用这些结论之前，我们必须认真思考孩子身上发生的问题究竟是什么，然后再斟酌该怎样做，这样才能够真正满足孩子心理上的需求。

家庭教育的原则

现在，妈妈们在照顾孩子时不同以往，她们掌握了丰富的知识与纯熟的技巧，懂得均衡营养的重要性，知道如何让孩子适应环境，也了解孩子在空气清新的环境中玩耍有助于肺部发育。但是，孩子并不是只需要喂养的小动物，他们从一出生起就具有了心理生命。如果我们是真正为孩子的幸福着想，那么对他们只进行身体上的照顾是远远不够的，我们还需要为孩子的心理发展提供帮助。从孩子出生的第一天起，我们就应该尊重他们的心理冲动，并寻求帮助他们的方法。

在照顾孩子身体健康方面有一定规律可循。但是，在孩子的心理健康方面，其原则所包含的范围是非常广泛的，而且至今仍有许多内容都还是未知的。我们现在可以确定的只有，孩子需要的绝不仅仅是食物而已。在不受成人干扰的情况下，孩子独立完成一件事情以后表现出来的那种骄傲高兴的情绪，就是在向我们宣告，他们有发挥丰富的内在潜能的需要。我们应该引导孩子，为孩子创造机会开发潜能，而不应阻碍他们的活动。

现在，绝大多数的玩具都缺乏刺激孩子心理发展的功能。我相信这类玩具终将会被消费市场淘汰。让我们一起来看一看过去几年中玩具市场发生的变化吧！生产厂家不断加大玩具的尺码，将娃娃做得像真的小女孩那样高，和娃娃相关的其他产品，如床、衣橱、炉子等，也跟着加大了尺码。但是，女孩们却并不喜欢这样的玩具。

我们必须让孩子生活在一个他们能够自己掌控的生活环境里。一个属于孩子的小盥洗台、几把小椅子、一个孩子能拉动抽屉和柜门的小柜子、一些孩子能够独立使用的日常用具、一张小床、一条孩子可以自己叠放的漂亮毯子……我们要让孩子生活在一个既能居住也能玩耍的环境中。在这样的环境中，我们会看到：白天，孩子的双手在不停地忙碌；夜里，他们只想赶快换上睡衣，爬上自己的小床，睡一个好觉。在这样的环境中，孩子能学会自己照顾自己，自己收拾房间，自己穿衣服，自觉地养成健康的饮食习惯。孩子会变得既安静又有礼貌，不哭不闹，也不调皮捣蛋，会成为一个友好而听话的“好孩子”。

我们的教育不仅为孩子提供了一个适合他们发展的环境，而且还认识到了孩子喜欢工作，并有较强的秩序感。我们强调对孩子进行生活观察的必要性，希望能在孩子的心理发展之前察觉到孩子的需要。在教育孩子时我们要运用已掌握的人体保健知识，帮助孩子获得新的进步。对我们来说，孩子心理上的健康发展是最为重要的，这是新式教育的基础。

下面是我列举的几项原则，希望妈妈们能在此基础上找到最适合自己孩子的方法。

第一条原则：尊重孩子所有正在进行的合理活动，并努力了解他们的活动目的。

内在潜力是促使孩子在各个方面进行努力的动力，但是我们却常常漠视孩子在生活中表现出来的潜能。当谈到孩子的活动时，我们脑海里浮现的只有孩子曾经被我们观察到的某些特定行为。而我们之所以能观察到这些，是因为只有这些行为引起了我们的注意。浮现在我们脑海里的，可能是曾让我们领教过的孩子调皮捣蛋的行为，可能是孩子受不了一再被压抑终于爆发的失常心理表现。事实上，孩子活动的真正征兆并不是非常明显的。我们一定要相信孩子拥有善良的本性，我们要用充满爱心的关怀，来发现孩子善良的本性，这样我们才能逐渐对孩子做出准确的评估。如果父母希望对孩子的自然行为能有一定程度的了解，就应该遵照以上的建议，做好发现孩子善良本性的准备。

我曾观察到一个婴儿发现自己双手的过程：

一个刚刚出生3个月的小女婴正处于生命的开端。小女婴竭尽全力地想要更仔细地看一看自己的手。可是她的手臂太短了，她需要很费劲儿地移动双眼才看得到自己的手。虽然她的身边有很多东西，但是她最感兴趣的还是自己的手。

过了一会儿，我拿起一些东西给小女婴触摸玩耍，可是她却显得有些心不在焉。她对我给的东西显然没有一点儿兴趣，看也不看，就张开小手，让东西从手上掉下来。

然而，从那时开始，每一次当小女婴想试着抓住什么东西时，她的脸上都会露出兴奋的表情。不管她要抓住的东西离她是远是近，也不管是否抓得到。

小女婴满脸疑惑地不停地看着手，她的表情好像是在说："咦，为什么我有时候可以把东西抓住，有时候却不行？"对手的使用明显吸引了小女婴的注意力。

这个小女婴的努力是一种本能的表现，是一种为了满足内在需要而宁愿牺牲舒适的表现。

当这个小婴儿长到6个月大时，我给了她一个带有银色铃铛的玩具摇铃。我把摇铃放在她手里，教她如何摇出声音。她玩了几分钟以后，就将摇铃扔在了地上。我把摇铃从地上捡起来，重新放回到她的手里，可是她又将摇铃丢在了地上。就这样，我们俩一个丢一个捡，重复了好几次。小女婴就像故意要把摇铃丢到地上让别人马上帮她捡回来似的。

有一天，当小女婴手里又拿着摇铃的时候，她不再像以前那样把手全部张开让摇铃掉到地上了。她先张开一根手指，再张开一根，就这样一根一根地张，直到最后，5根指头全部张开，摇铃才掉到了地上。此时，小女婴目不转睛地看着自己的手指。她一边反复地做着一根一根张开手指的动作，一边继续观察自己的手指。

显然，小女婴感兴趣的并不是摇铃，而是这个手指游戏。认识了这些能抓住东西的手指，她觉得很有趣。在这个对手指的观察中，小女婴感到非常快乐。

想想看，在这个小女婴3个月的时候，她为了看到自己的手，还只能很不舒服地移动双眼，现在居然研究起手的作用来了。

小女婴的妈妈在这方面表现得也十分明智。她克制住了自己，没有将摇铃收起来，而是加入到孩子的游戏中。她理解了孩子一再重复游戏的行为，对孩子的成长和发展具有极其重要的帮助。

这个事例告诉了我们孩子在生命早期的简单需要。如果人们没有注意到小女婴对手的好奇心，也许她的手就会被戴上保护手套。这样做会妨碍她想要看手的欲望。小女婴的父母也可能会因为看到她一再把摇铃丢到地上，就干脆将摇铃拿开，那么我们上面观察到的所有表现就不会出现了。而这种帮助婴儿发展智能的最好、最自然的方式，有可能就会被压制住。发现新事物能给孩子带来快乐。原本正在享受这种快乐的孩子，可能会因为自己的发现游戏被迫中断而哭闹起来。而此时，父母可能会觉得孩子的哭闹一点儿道理也没有。一堵误解的“高墙”便从婴儿期开始竖立在成人和孩子幼小的心灵之间。

有许多人或许都会怀疑，在这么小的孩子身上，是否存在着一个内在生命。如果这些人想要了解孩子的需要，认识这些需要对生命发展的重要意义，他们就必须努力研究这些幼小心灵的独特语言，尊重孩子的发展自由，并帮助孩子发展这些能力。

这里有一个1岁大的男孩的例子：

有一天，小男孩正在看一些图画。这些画是妈妈在他出生之前所画的。小男孩特别喜欢看那些有小孩的图画，而且还会亲一亲画上的小孩。小男孩还认识了花，看到有花的图画时他会把鼻子靠在上面，就好像在闻花香一样。小男孩看到小孩和花后做出的不同行为，清楚地表明他知道这两者是不同的。

旁人看到小男孩做出这些举动时，觉得他可爱极了，纷纷笑着拿起其他东西学小男孩那样又亲又闻。在这些人的眼里，这只是一件好笑的事情，并没有什么独特的意义。他们拿着蜡笔让小男孩闻，递上枕头要小男孩亲。小男孩脸上原本聪明的表情被困惑取代了。在这之前，小男孩还因为自己能够分辨图画里的东西，高兴得全身都洋溢着快乐。

后来，小男孩只得不加分辨地亲每样东西、闻每样东西。旁人笑时，他也跟着笑。孩子独立发展的道路由此受到了阻碍。

案例中，孩子表现出的分辨能力是其智力发展的重要里程碑，但是在面对成人残忍的干扰与误导后，孩子已无力招架。

我们是否经常像案例中的成人那样，做了错误的事情却毫不自知。成人常常抑制孩子自然的行为反应，把孩子弄得不知如何是好。然后，当孩子无助地流泪时，成人反而觉得孩子哭得毫无缘由。

我们从来不关心孩子为什么哭，正如我们从来不关注孩子在精神得到满足后露出的快乐微笑一样。在孩子生命之初、感觉最脆弱的时候，在孩子开始感受人际交往的时候，这种情形就已经发生了。此时，孩子和成人的情感拉锯战也正式展开了。

我们都希望，当我们把孩子放到摇篮里时，只需轻轻地摇一摇，孩子就能入睡。但是，我们也不应该讨厌那些用哭闹来求助的小心灵。如果孩子体力充沛，我们应立刻意识到他需要的睡眠不多；如果他的眼神明亮、聪颖，表现出想和他人交往的神情，我们也应意识到。孩子需要帮忙，也会将求助的眼神投向任何能够帮他的人。有人常说，孩子对妈妈奶水充足的乳房的喜爱更胜于妈妈本人。这句话似乎是说孩子以后会对任何给他们好处的人表示好感。事实上，这种说法并不公正。应该说，早在孩子生命之初，他们就会自然地亲近那些能够帮助他们的精神得到发展的人。

我们都知道，孩子渴望成人的陪伴，而且他们千方百计想成为成人生活的一部分。即使只是和家人一起坐在餐桌前用餐，或只是和家人一起在火炉旁取暖，孩子也会感到心满意足。人与人之间的温言细语是最悦耳的天籁之音，也是大自然赐予我们的学习语言的方法。

第二条原则：我们必须全力支持孩子活动的愿望，培养孩子形成独立的个性，不让孩子养成依赖的习惯。

目前为止，孩子开口说的第一个字和孩子抬脚迈的第一步，几乎是儿童发展中的极具象征意义的里程碑，也是我们所能看到的孩子进步的最初证据。开口说第一个字开启了孩子语言发展之旅，迈出第一步则象征着孩子直立行走的能力。因此，这两个方面对每一个家庭来说都是具有非凡意义的大事件。当它们发生的时候，聪明的妈妈还会特别地记录下来。

学会走路、学会说话是很不容易的。孩子需要不断地努力，才能用自己短小的双脚站立起来，保持大脑袋小身躯的身体的平衡。孩子说出的第一个字也是一种十分复杂的表达方式。当然，会说话、会走路并不是孩子最先学会的两个本领。说话和走路只不过是两个最为明显的发展阶段的表现而已，而在这之前，孩子的智能和平衡能力已经发展到了一定水平。这是孩子学会说话和走路之前的必经阶段，值得我们倾注所有的注意力进行观察。

诚然，“孩子能够自然而然地成长”，但是这句话只有在孩子获得了充分练习的情况下，才能称得上完全正确。如果在成长过程中孩子缺乏练习的机会，他们的智能水平就会停留在较低的程度。而那些从婴儿期开始便受到鼓励和引导的孩子，他们的发育水平要比其他孩子出色。

一个毫不关心孩子的妈妈，会从断奶起就粗鲁地一口接一口地把饭塞进孩子嘴里。如果我们能在孩子吃饭的时候，和孩子一起坐在他们的小桌子前，让孩子慢慢吃，我们就会惊喜地发现，孩子会自己拿起汤匙放进嘴巴！

孩子学会自己吃饭是妈妈的功劳。因为在这个过程中，妈妈要付出极大的爱心和耐心。妈妈要同时“喂养”孩子的身体与心理，而孩子的心理需要比身体需要更为重要。妈妈的一些育儿观念，比如，对整洁干净的注重，虽然也是十分重要的，但是与孩子心理上的滋养相比，整洁干净就变得次要了。孩子刚开始学着自己吃饭时，还不知道如何握汤匙，肯定会弄得自己满身脏。妈妈这时候应该牺牲干净原则，满足孩子自己动手的合理冲动。事实上，随着孩子生理与心理的不断发展，他们的动作会更加娴熟，就不再会把自己弄得满身脏了。孩子吃东西时能够保持整洁干净，表明他们取得了一项实质性进步，这也是孩子心理发展的一大福音。

从一个孩子能持续做多少次同样的行为，我们可以看出这个孩子意志力如何。早在孩子会说话、会走路之前——将近1岁时——孩子心中就有一个声音在指引着他们的行为动作。孩子会突然想要自己尝试用勺子吃东西。可是这时候，他们还没有办法把食物成功地送到嘴里。即使他们的肚子已经饿了，他们还是会拒绝别人的帮忙。只有等孩子自己动手的需求得到了满足，他们才会让妈妈给他们喂饭。也许孩子会弄得自己满身脏，但他们的脸上还是会洋溢着高兴、聪颖的神情。这时，孩子想要自己动手的欲望已经得到满足，所以他们会愿意吃下食物。孩子在这样的教导下，1岁左右便能学会自己动手、自己吃东西，令人刮目相看。虽然这时候孩子还不知道如何开口说话，但是他们已经完全听得懂别人对他们讲的话，也会用动作来回应。

孩子的一些行为能让人们感受到他们已经开化的智慧。当我们说“把手洗一洗”时，孩子就会去洗手。当我们请孩子把地上的东西捡起来，或把脏东西擦掉时，他们同样会去做。而且，他们在做每件事时都很认真投入。

有一次，我和一个刚刚学会走路的小男孩结伴去乡下。当我们走在一条石子路上时，我不自觉地想去牵他的手。但是，我强迫自己放弃了这个念头，改用口头提醒的方式告诉他：“走另外一边！”“这儿有块小石头，要当心！”“这里要小心走！”……男孩非常认真地听着我的提醒，一步一步地小心走路。他不仅没有跌倒，而且还走得相当好。他边走我边提醒，我轻轻地说，他专注地听。

对小男孩来说，这个“我说他做”的活动是一个有意思的过程。小男孩走得兴趣盎然、不亦乐乎。

用这样的方式来指导孩子，是每一位母亲真正应尽的职责。如果我们只是一味地给孩子提供一些对其发展没有太多益处的东西，对孩子并不会起到真正的帮助作用。只有配合孩子的心理发展，为他们提供帮助，才能使他们获得最大的助益。除此之外，了解孩子的天性、尊重孩子的本能活动，也是两项具有重要意义的工作。

第三条原则：我们必须时刻注意与孩子的相处方法，因为孩子的情感，尤其是对来自外界的影响，比我们想象得还要细腻敏感。

如果我们在分辨孩子生活中流露出的细腻情感时，既没有足够的经验，也缺乏爱心；如果我们不懂得如何去尊重孩子，那么很可能只有在孩子出现激烈反应的时候，我们才能察觉到孩子的异常，这就为时已晚了。孩子会出现这些激烈的反应，完全是因为我们疏忽了他们的某些需要。在孩子哭闹起来后，我们再匆匆忙忙地去安慰他们，就显得有些本末倒置了。

而有些家长持有另外一种育儿原则。从经验中，他们知道孩子在哭闹一阵后会自己安静下来，所以他们通常都不会被孩子的泪水打动，也不会试着安慰孩子。这些家长认为，如果孩子一哭就去安慰，不但会把孩子惯坏，还会让孩子养成用眼泪引起成人注意的坏毛病，父母就会变成这些被宠坏的孩子的奴隶。

在此，我必须对这个看法做一个回应，那就是孩子看似无理取闹的泪水，在他们习惯于我们的爱抚之前就已经开始流淌了。而这些泪水其实是孩子内心挣扎不安的表现。孩子为了内在的建构，需要充分休息，更需要一个稳定、平和、能让自己感到安心的环境。可是，成人却反过来一再进行蛮横的干扰。我们一股脑儿地将一些东西灌输给孩子，由于速度太快，孩子根本来不及消化吸收，导致孩子像饿过了头或者吃得太撑时那样放声大哭，感到消化不良。

我们应该试着让孩子自己擦干眼泪，也应该尽力去安慰他，可我们却经常忽略孩子的真正需要。虽然孩子眼泪背后隐藏的原因是如此难以捉摸，但它却可能是所有问题的答案。

海伦是个不满1岁的小女孩，她常常用西班牙方言“pupa”这个词来代表

“不好(bad)”的意思。通常都是因为什么原因，海伦才会哭呢？

海伦对身边的事物非常好奇。我发现，她每次经历不太开心的事时，比如，撞到了东西、觉得冷了、碰到冰凉的大理石板或是摸到粗糙的东西时，就会说“pupa”这个词。当她伸出被撞疼的小手给大家看时，大家都会安慰她几句，或亲亲她手指受伤的地方。

海伦很注意观察别人对她的及时关心，然后她会说：“pupa，不（no）！”就好像是在告诉这个人：“我感到好多了，不用再安慰我了。”通过这样的互动，海伦不仅能够表达自己的感受，也懂得体谅身边其他人对她的关怀。海伦并不是一个被宠坏的孩子，因为没有人给海伦任何没有意义的拥抱或过多的安慰。

通过直接关心孩子的感受，我们不仅能帮助孩子清晰地观察人与人之间的互动，还能帮助孩子发展社交能力。因此，我们这么做，就是在帮助孩子汲取生活社交中的直接经验，孩子细腻、纯真、敏锐的情感天赋也能够由此得到顺利发展。每当孩子告诉我们哪件事情让他们觉得不愉快时，我们可能不会对孩子说：“没关系，不要紧。”很多时候，我们能够感受到他们的不愉快，并会轻声安慰他们，但是也要注意应尽量避免过分渲染孩子遇到的不愉快。

我们绝不能否定孩子的感觉，对孩子的情绪视而不见。当孩子感到不快乐时，成人对孩子说“没关系，不要紧”，容易使孩子与他们在情感上产生共鸣。这样做不但能鼓舞孩子面对情绪体验，同时还能引导孩子自己排解情绪。当然，我们最好也不要对孩子的情绪做太多议论，或者在孩子的感觉上借题发挥。一句轻柔关爱的话语是孩子唯一需要的安慰。孩子在得到适时的安慰和关爱后，会不受影响地继续观察周围的事物，自由地体验生活。这对孩子的身体发展也是大有裨益的。

海伦不是一个动不动就哭的孩子。如果有不愉快的事情发生了，海伦会对自己反复地说“pupa”这个词，然后希望从他人那里得到安慰。

有一天，海伦生病了。她一直对妈妈说：“pupa，不！”就像在安慰自己似的。

与其他同龄的孩子相比，海伦对身体不舒服的忍受力是很惊人的。她不但知道如何调整自己的情绪感受，还能像成人那样把烦恼与不适抛开。

看到其他人遭受苦难，孩子通常也会跟着伤心流泪。海伦和劳伦斯这两个孩子都是这样，他们的情绪很容易受到感染。

当有人假装打了护士一下，或者爸爸假装要打一位小伙伴，海伦会立刻哭起来。如果有人心情不好，或为了某事伤心流泪，海伦就会马上来到这个人身边，温柔地亲一亲他，然后用一种自信的语气说“pupa，不”，来表示“不要怕，一切都过去了，我们不要再想它了”。海伦虽然还不大会说话，但是她的语气是如此明确、坚定！

如果换成劳伦斯，他会表现得更加积极。如果爸爸做错了事，劳伦斯会勇气十足地指出爸爸的错误。如果爸爸做出一些粗鲁的举动，或者撞到了劳伦斯，劳伦斯不会哭，他会站在爸爸面前，用严肃的表情看着爸爸，然后用责备的语气喊“爸爸，爸爸”，意思就像是说“你不可以这样对待我”！

有一天，劳伦斯正躺在床上睡觉。爸爸在另一个房间里大声地和别人说话。劳伦斯从床上坐起来，大声地喊：“爸爸！”听到了这个警告，爸爸赶紧把音量压低。然后，劳伦斯满意地伸了伸懒腰，继续做他的美梦去了。

在海伦3岁时，她的姨妈拿了一些我们学校教学用的色板给海伦看。其中一块色板被姨妈不小心掉到地上摔碎了，姨妈趁机教育海伦：“你看，一定要小心！”

“而且要很小心，”海伦接着对姨妈说，“还不能把它掉到地上！”

孩子就是这样有什么说什么的，他们会批评、指责成人的不当之处。只有当成人说自己这么做的理由时，孩子的正义感才能得到安慰。

我们不必在孩子面前扮演完美无缺的人，也不必要求自己每件事都做得十全十美。相反，我们需要的是审视自己的缺点，虚心接受孩子公正的观察和批评。有了这样的认识，当我们在孩子面前做了不正确、不恰当的事时，也就能够原谅自己了。